Reinhold Ruthe

# Spiel mit den Geistern

## Die okkulte Welle

W0200468

R. BROCKHAUS

R. Brockhaus Taschenbuch Bd. 490

2. Auflage 1994

© 1993 R. Brockhaus Verlag Wuppertal und Zürich
Umschlaggestaltung: Carsten Buschke, Solingen
Umschlagfoto: Rosanne Percivalle –
The Image Bank, Hamburg
Gesamtherstellung: Breklumer Druckerei Manfred Siegel KG
ISBN 3-417-20490-9

INHALT

# VORWORT

Eine Okkult-Welle brandet über die westliche Welt. Besonders Jugendliche und Heranwachsende werden in ihren Bann gezogen. Nach einer Konsum-, Freß-, Sauf- und Sexwelle sprechen Soziologen nun von dieser »okkulten Welle«. Weltweit werden die spiritistischen Zirkel, Geheimbünde, Logen und spiritistischen »Kirchen« auf ca. 100 Millionen Mitglieder geschätzt. Wenn die Informationen stimmen, ist Brasilien das Land mit den meisten Spiritisten. Geschätzt werden dort 30 bis 40 Millionen Anhänger.

Ulrich Skambraks, ein Kenner der okkulten Szene in Deutschland, schreibt: »Das Interesse am Übernatürlichen geht ins fünfte Jahr. Insgesamt gibt es in Deutschland bereits mehr als 1 Million Spiritisten.«[1]

Als ich die große Stadtbibliothek in Wuppertal aufsuchte, um mir zusätzliches Material über den Spiritismus zu besorgen, wurde ich lächelnd und höflich darauf hingewiesen, daß sehr wahrscheinlich die Bücher, die ich ausgewählt hatte, ausgeliehen seien. In der Tat, nur einige wissenschaftliche Untersuchungen waren noch vorhanden. »Vor allem junge Menschen greifen nach dieser Literatur und verschlingen sie geradezu«, sagte mir eine Bibliothekarin, die sich in der Sparte auskannte.

Was treibt den Menschen in die Arme spiritistischer Praktiker?

Der Mensch will sein wie Gott – allwissend und allmächtig. Er will den Vorhang zwischen Diesseits und Jenseits zerreißen. Die Geister Verstorbener sollen ihm Antwort geben auf alle Lebens-, Liebes- und Zukunftsfragen.

Die Begegnung mit dem Tod bei Eltern, Großeltern, Freunden und Bekannten weckt die Neugier und damit den Wunsch, die Mauer zwischen Leben und Tod zu überspringen.

Der Spiritismus behauptet, durch experimentelle Erfahrungen das Fortleben nach dem Tode zu beweisen. Junge und alte Menschen benutzen diesen geheimnisvollen Kanal, um über sogenannte Geister einen Blick in die jenseitige Welt zu werfen.

Diese Beobachtungen stellen uns vor folgende Fragen:

- Welche Praktiken und Lehren machen den Spiritismus so attraktiv?
- Wie haben wir als Christen den Spiritismus zu verstehen?
- Was ist echt an den »Geistern Verstorbener«?
- Wo beginnt die dämonische Beeinflussung?
- Was sind die Gefahren, die spiritistische Sitzungen heraufbeschwören?
- Sind für uns Christen spiritistische Séancen ungefährlich, interessante Spiele und ein aufregender Zeitvertreib?

Allen Ernstes müssen wir die Frage stellen: Sind wir von allen guten Geistern verlassen?

# I. Was verstehen wir unter Spiritismus, Okkultismus und Parapsychologie?

Es ist hilfreich, zu Beginn einige Begriffe näher zu definieren, die im Umfeld des Spiritismus eine Rolle spielen.

## 1. Spiritismus

Das Wort leitet sich aus dem englischen *spirits* = Geister ab; denn man spricht von Spiritismus erst seit 1848, als zwei amerikanische Farmerstöchter seltsame Klopfzeichen hörten und dahinter Geister vermuteten, die sie dann befragten. Ursprung des Wortes ist das lateinische Wort *spiritus* = Geist.

Der Spiritismus geht davon aus, daß es reale, personhafte Geistwesen gibt. Mit Hilfe bestimmter Methoden versucht der Spiritist, mit diesen *spirits* Kontakt aufzunehmen. Spiritisten sind die »Gläubigen« jener Ideologie, die behaupten, jenseitige Geistwesen, die *spirits*, seien beweisbar. Der Glaube, mit den Abgeschiedenen in Kontakt zu treten, ist so alt wie die Menschheit selbst. Eine »reine« Lehre des Spiritismus gibt es jedoch nicht, denn je nach Land, Kultur, Religion oder Kirche wird er anders definiert.

In spiritistischen Sitzungen sprechen Geister mit Teilnehmern aller Altersklassen mittels eines *Mediums.* Sie behaupten, Auskunft geben zu können

- über das Schicksal der Teilnehmer,
- über Liebesbeziehungen, Krankheit und Tod,
- über das Leben im Jenseits,
- über Berufs- und Lebensfragen.

Die Geister können sich bezeugen durch *Materialisationen,* durch *Telikinese* (Fernbewegung von Gegenständen), durch *Levitation* (durch Schweben im Raum) und durch *Apporte* (Auftauchen und Verschwinden von Gegenständen). Mediale Geistheiler sollen in der Lage sein, mit Hilfe jenseitiger Geister – Geisterärzten – treffsichere Diagnosen bei Krankheiten zu stellen und meist unblutige Operationen vorzunehmen.

## 2. Spiritualismus

Dazu zählte man zunächst Christen, die – wie etwa die Mystiker – das Leben aus dem Heiligen Geist betonten an Stelle einer mehr der Kirche als Heilsanstalt verpflichteten Auffassung vom Christsein. Heute spricht man auch von Spiritualismus, wo sich Frauen und Männer in »spiritistischen Kirchen« zusammengeschlossen haben und Bibel und Christentum spiritistisch interpretieren. Dieser »Spiritualismus« ist in vielen Ländern der Welt zur Volksreligion geworden. Vor allem in Brasilien, Nordamerika, England, Irland und Japan.

Spiritualisten beginnen ihre Séance mit Gebet. Sie rufen Gott und Christus an und wollen vor allem mit höheren Geistwesen Kontakt aufnehmen. Fest sind sie davon überzeugt, daß Engel, Gott Vater und Christus sich zu Wort melden. Der Gottesglaube ist aber keineswegs persönlich. Christus als Retter und Erlöser der Menschen ist überflüssig. Er wird lediglich als hoher und inkarnierter Geist verehrt. Die Spiritualisten lesen die Bibel als »Psi-Report«. Auf allen Blättern der Bibel erkennen sie spiritistische Kerngedanken.

## 3. Animismus

Das Wort beinhaltet »Seelenleben«, ist abgeleitet von *animus* (lat.) = Seele. In der Parapsychologie (sie erforscht außersinnliche Erscheinungen, s. S. 11f) spielt das Wort eine große Rolle. Paranormale Erscheinungen wie die Materialisation der Geister werden nicht auf jenseitige Geister zurückgeführt, sondern mit Hilfe der im Menschen lebenden Seelenkräfte erklärt.

Die Animismus-Theorie stellt das gesamte Spiritismus-Gebäude in Frage. Alle geheimnisvollen und okkulten Vorgänge werden animistisch, also seelisch erklärt.

Animisten behaupten, es könne sich bei spiritistischen Séancen *nicht* um wirkliche Geister der Verstorbenen handeln, denn das, was diese sogenannten jenseitigen Geister zu verkündigen hätten, entspräche jeweils

- dem Bildungsstand,
- dem Sprechstil,
- dem Weltbild und
- den subjektiven Vorstellungen des Mediums.

Die vielfachen Spukphänomene werden mit Abspaltungen der menschlichen Seele erklärt. Die animistische Theorie ist einseitig aufs *Diesseits* bezogen. Sie schließt jede Jenseits-Beeinflussung aus. Die Theorie entwickelte sich Ende des 19. Jahrhunderts als Gegenbewegung zum Spiritismus.

## 4. Parapsychologie

Unter dem Begriff versteht man die akademisch-wissenschaftliche Erforschung psychischer Vorgänge, die im *para*normalen Seelenleben stattfinden. Das griechische Wort *para* ist die Vorsilbe und beinhaltet »neben, außerhalb, darüber hinaus«. Sie untersucht also parapsychische Vorgänge, wie:

- Telepathie: die Fähigkeit, räumlich und zeitlich auseinanderliegende Bewußtseinsinhalte, Gefühle und Gedanken, unabhängig von den sonstigen Kommunikationswegen zu übertragen; man spricht auch von Fernerleben und Fernfühlen;
- Hellsehen: auf Entfernung hin gegenwärtige und kommende Dinge erkennen;
- Somnambulismus: von *somnus* = Schlaf, *amnubulare* = Umherziehen, Schlafwandeln, Nachtwandeln;

- Spuk: sogenannte Geistererscheinungen, die durch Klopf- oder Poltergeister hervorgerufen sein sollen;
- das zweite Gesicht;
- Apporte: Gegenstände, die durch feste Wände gehen können;
- Spiritismus: Umgang mit jenseitigen Geistwesen;
- Präkognition: Vorauswissen des Zukünftigen.

## 5. Okkultismus

Das Wort stammt aus dem lateinischen *occultus* = versteckt, verborgen, geheim. Gemeint ist also das Unsichtbare. Das Wort Okkultismus ist unter Christen stark belastet und wird mit teuflischen, dämonischen und finsteren Mächten gleichgesetzt. Es *kann sein,* daß sich hinter okkulten Manifestationen auch dämonische Kräfte verbergen. Zunächst meint das Wort Erscheinungsformen und Praktiken, die sich auf verborgene Kräfte beziehen, die im Menschen und in der Welt wirksam werden. Der Arzt spricht von »occultem Blut« und meint ganz schlicht Blut, dessen Ursprung er nicht erkannt hat.

Der katholische Theologe Harald Baer gibt eine gute Zusammenfassung und warnt vor falscher und voreiliger Deutung:

»Die beiden Straßengräben, die man besser meiden sollte, bestehen auf der einen Seite in der rationalistischen Manier der gebildeten Verächter des Parapsychologischen, alle derzeit von der Naturwissenschaft nicht erklärbaren Phänomene als bloße Einbildung und Betrug abzutun. Auf der anderen Seite käme es einer buchstäblichen Verteufelung des Okkulten gleich, wenn man alle paranormalen Erscheinungen als Produkte von Dämonen einstufen würde. Bei der Auseinandersetzung mit dem Okkultismus muß sehr scharf zwischen der zu beobachtenden Tatsache und seiner Deutung unterschieden werden.«[2]

## 6. Psi oder Psi-Phänomene

Das Wort *Psi* ist der Anfangsbuchstabe des griechischen Wortes *psyche* = Seele oder Geist. Psi ist die Kurzfassung für alles Paranormale. Psi-Phänomene sind also Erscheinungen, die aus dem normalen Rahmen unserer Erfahrungen herausfallen.

Im Jahre 1882 begann die systematische Erforschung der Psi-Phänomene. In England wurde eine »Gesellschaft für psychische Forschung« gegründet. 1950 wurde in Deutschland der erste Lehrstuhl an der Universität Freiburg für paranormale Phänomene gegründet. Der Name der Universitätseinrichtung lautet: »Institut für Grenzgebiete der Psychologie und Psychohygiene«. Prof. Dr. Hans Bender hat dieses Institut bis 1975 geleitet. Das Forschungsgebiet beschäftigt sich mit zwei unterschiedlichen Phänomenen: mit der »außersinnlichen Wahrnehmung« (AWS) und mit »Psychokinese« (PK).

Das Gebiet der *Außersinnlichen Wahrnehmung* beinhaltet:
- Telepathie,
- Hellsehen und
- Präkognition.

Das Gebiet der *Psychokinese* umfaßt:
- Veränderungen der Materie (Materialisation und Dematerialisationen),
- Apporte und Spuk,
- Heilung und Gedankenfotografie.

## 7. Theosophie

Die Theosophische Gesellschaft wurde 1875 von der Russin Helena Blavatsky gegründet. Von Jugend auf hatte sie sich mit Spiritismus beschäftigt.

Hauptziel der Theosophischen Gesellschaft bestand darin, experimentelle Vergleiche zwischen dem Spiritismus und der Magie der Alten anzustellen. 1877 veröffentlichte Frau Blavatsky ihr Hauptwerk »Die entschleierte Isis«.

Die Theosophie will über den Glauben hinaus zum Wissen vordringen und die Bereiche der Weltgeheimnisse erhellen. Die einzelnen Bestandteile ihres Weltbildes werden aus zahlreichen Quellen zusammengefügt: aus Indien, Altägypten, Kabbala, Neuplatonismus und gnostischen Spekulationen.

## II. Die Gefahren des Spiritismus

Nicht jede Sitzung ruft automatisch eine seelische Selbstzerstörung hervor. Nicht jede Séance, die ein Mensch besucht, schlägt ihn auf der Stelle in einen dämonischen Bann. Der Teufel ist kein Stümper, der sich in erster Linie hinter okkulten Praktiken versteckt und den Menschen auf diese Weise in Ketten legt. In der Gemeinde hat man oft den Eindruck, als sei der Okkultismus ein Lieblingswerkzeug dämonischer Mächte, junge und erwachsene Menschen vom Glauben an Christus abzubringen.

In der therapeutischen Seelsorge sind mir viele Menschen in den letzten Jahren begegnet, die über okkulte Kontakte, über neugierige Besuche von spiritistischen Zirkeln berichtet haben. Sie haben die Sünde – wie jede andere auch – gebeichtet und sind von diabolischen Anfechtungen und Anschlägen freigeblieben. Sie fühlen sich nicht mehr geknebelt und unfrei, belastet und bedrückt. Der Glaube an Christus hat sie befreit. Oder hat unser Herr nicht nach seiner Auferstehung gesagt: »Mir ist gegeben alle Gewalt im Himmel und auf der Erde«?

Mit der Auferstehung hat Jesus dem Tod und dem Teufel das Genick gebrochen. *Alle Gewalt* ist ihm gegeben. Nicht nur ein bißchen Macht, ein bißchen Gewalt und ein bißchen Überlegenheit.

Ich möchte nicht der Verharmlosung das Wort reden. Aber wir müssen uns frei machen von einseitiger Versklavung durch dunkle Mächte und Gewalten. Der Diabolos kennt tausend Wege, um uns vom geraden Weg des Glaubens an Christus abzubringen. Spiritismus und Okkultismus sind eine ernstzunehmende Versuchung.

Was können die Folgen sein?

## 1. Die gesundheitliche Gefährdung

Junge und ältere Menschen, die weitgehend seelisch stabil sind, die keine psychischen Störungen und Belastungen aufweisen, sind erfahrungsgemäß weit weniger gefährdet als Menschen, die labil und vorbelastet sind. Ihr Glaube an Christus ist realistischer, unängstlicher und weniger zweifelnd. Sie vertrauen kindlicher und glauben zuversichtlicher an Gottes Kraft und Bewahrung.

Hochsensible Jugendliche, denen alle Erregungen auf den Organismus schlagen, die psychosomatisch reagieren, fühlen sich weit schneller bedrückt und gefesselt. Nach meiner Erfahrung sind besonders depressive Menschen, die einen Hang zum Grübeln, zum Zweifeln und zum Schwarzsehen haben, gefährdet. Sie befürchten stärker als der Durchschnitt Gefahren und negative Konsequenzen. Schon das Reden über diese Dinge macht sie nervös und unruhig. Sie sehen hinter »jedem Busch einen Räuber«, wie der Volksmund sagt. Sie erwarten Nachteiliges und Belastendes. Und die Falle der sich selbst erfüllenden Prophezeiung schnappt zu. Ihnen geschicht, was sie erwarten: Sie sind bedrückt, belastet, unfrei und geknebelt.

In der Regel sind es wertvolle junge Menschen, aufgeschlossen für alle Lebens- und Glaubensfragen. Sie hinterfragen sich, das Leben, den Glauben und Gott. In den Bibelstunden und Hauskreisen fragen sie tiefer als andere, aber sie belasten sich auch mehr. Häufig leiden sie an der Welt und den Problemen der Menschen. Sie sind zart besaitet und reagieren panisch, wenn sie mit unerklärlichen, geheimnisvollen Phänomenen konfrontiert werden.

### *Birgit auf der Party*

Da ist Birgit, ich nenne sie so, sie ist siebzehn Jahre alt, ein gläubiges und feinsinniges Mädchen. Seit zwei Jahren leitet sie in einer Gemeinschaft eine christliche Jungschar. Sie nimmt ihre Aufgaben sehr ernst. Jeden Abend kniet sie vor ihrem Bett nieder und bringt im Gebet jedes einzelne Kind vor Gott. Immer wieder packt sie die Angst, sie könnte eins der Kinder, die ihr anvertraut sind, verlieren. Ihre Schulleistungen sind oft beeinträchtigt, weil sie sich mit den Sorgen um ihre Anbefohlenen überfordert.

Birgit ist ein sehr angepaßtes Mädchen, das keinem zu nahe treten und keinen Anstoß erregen will. Gegenüber Eltern und Gleichaltrigen verhält sie sich nachgiebig. Birgit ärgert sich immer wieder darüber, daß sie Ja gesagt hat, wo sie Nein sagen wollte.

Eines Tages hat eine ihrer Klassenkameradinnen Geburtstag. Birgit ist auch eingeladen. Sechs Mädchen sitzen zur Geburtstagsparty zusammen. Und dann geschieht das Unglaubliche: Am frühen Abend veranstaltet eine Teilnehmerin der Party eine spiritistische Sitzung mit Glasrücken. Das Geburtstagskind und Birgit sind völlig überrascht. Beide fühlen sich überrumpelt. Sie sagen aber nichts, um die Party nicht mit einem Krach platzen zu lassen. Auch Birgit hält still. Sie betet innerlich um Schutz und Bewahrung, aber sie spürt, daß zunehmend ein panisches Unbehagen Platz greift.

Nachdem der unsichtbar anwesende Geist, wie Birgit später berichtete, zwei Fragen beantwortet hatte, springt Birgit plötzlich auf und sagt: »Ich muß zur Toilette.« Außerhalb des Séance-Zimmers wird es Birgit übel. Der Angstschweiß hat ihren ganzen Körper befallen. Sie muß sich setzen, um nicht umzufallen. Es zuckt in ihren Gliedern, Arme und Beine scheinen sich selbständig gemacht zu haben. Im Gesicht ein unkontrolliertes Zucken ihrer Backenmuskel.

Als mich abends die Mutter anrief, die ihre Tochter nicht wiedererkannte, sagte sie: »Birgit ist total durcheinander. Sie redet unzusammenhängende Sachen. Sie hat weit aufgerissene Augen, und eine grauenhafte Angst spricht aus ihrem Gesicht.«

Einen Tag später kommt Birgit zu mir. Sie wird von beiden Eltern gebracht und ist etwas ruhiger geworden. Ihre Augen sind weit geöffnet, und es zuckt noch immer um ihre Mundwinkel herum. Während sie sitzt, fährt plötzlich ein Arm hoch und ein Bein springt auf der Stelle. Eine gewaltige Unruhe hat das Mädchen erfaßt. Nachdem die Eltern uns allein gelassen haben, schleudert sie folgenden Satz heraus:

»Ich bin vom Teufel besessen.« Wieder weiten sich die Augen, Birgit starrt mich an und erwartet ein Echo.

Ich bete innerlich um Kraft und Vollmacht. Dann lege ich ihr die Hände auf und bete:

»Im Namen Jesu gebiete ich dir, Satan, daß du ausfährst und Birgit in Ruhe läßt. Treuer Herr und Gott, wir rufen dich um deinen Beistand an. Du hast gesagt, daß nichts, keine Macht der Welt, keine finsteren Mächte uns von deiner Liebe trennen können. Bezeuge es heute, daß das wahr ist. Wir beide verlassen uns auf dich. Du befreist uns. Amen.«

Birgit sackt erschöpft im Sessel zusammen. Die Spannung in den Gliedmaßen läßt nach. Das Zucken um die Mundwinkel hört auf. Noch hat sie ihre Augen geschlossen. Gelöst und erleichtert sagt sie einige Male hintereinander: »Amen. Amen. Amen.«

Wir haben dann noch etwa eine Viertelstunde gesprochen. Eindringlich habe ich ihr die Gewißheit zugesprochen, daß sie befreit ist, daß der Teufel keine Macht mehr hat. Gemeinsam lesen wir Römer 8, die letzten Verse.

Um Mißverständnisse zu vermeiden, möchte ich noch einige Anmerkungen zu der Befreiung von Birgit geben. Auch wenn etliche Leser es anders sehen, beurteile ich den Vorfall so:

*Anmerkung 1:*
Für mich ist Birgits Zustand keine eindeutige teuflische Besessenheit. Mir liegt daran, den Zusammenhang zwischen seelischer Befindlichkeit und dämonischem Einfluß deutlich zu machen.

Birgit ist ein psychisch hochempfindsamer und empfindlicher Mensch. Ihre starke Verantwortungsbereitschaft, ihre übergroße Angst und ihre übersteigerte Sorge spiegeln einen Menschen wider, der das Leben schwer nimmt, der zum Grübeln neigt und Befürchtungen hegt, die weit über das Normalmaß hinausgehen.

Diese Befürchtungen und Ängste, die bisher Birgits Leben schon gekennzeichnet haben, schlagen auf der Geburtstagsparty in Panik um. Die anderen Teilnehmerinnen haben das »Spektakel« als eine »verrückte Geburtstagseinlage« abgetan. Soweit ich das beurteilen kann, haben die fünf anderen Mädchen keinen Schaden genommen. Birgit hatte – entsprechend ihrem Lebensstil – extrem reagiert. Selbst die innigen Gebete, die sie während der Séance sprach, gaben ihr keinen Schutz.

*Anmerkung 2:*
Daß der Teufel auch diese Gelegenheit beim Schopfe faßt, um Menschen verrückt zu machen, das ist für mich eindeutig das Werk des »Durcheinanderbringers«. Er benutzt das überspannte Seelenleben des Mädchens, um daraus Kapital zu schlagen. Die gesundheitliche Gefährdung ist im zweifachen Sinne zu verstehen:

– Gesundheitlich gefährdete Menschen – und dazu zähle ich Birgit – sind doppelt gefährdet. Ihre Labilität im Psychischen macht sie für okkulte Belastungen empfänglich. Okkulte Praktiken steigern die Angst, etwas Verbotenes und Gefährliches getan zu haben. Sie können solche labilen Menschen um den Verstand bringen.

– Hochsensible, empfindliche Menschen sind zartbesaitete Seelen und verlieren bei okkulten Praktiken eher das psychische Gleichgewicht. Sie verlieren die Kontrolle über sich und erleben, daß ihr Organismus aus dem Tritt gerät. Psychische Schwäche und teuflische Versuchungen spielen sich in die Hände. Der Teufel weiß genau, *wen* er *wo* am besten in seinen Bann ziehen kann.

*Anmerkung 3:*
Birgit war nicht von bösen Mächten beherrscht, als sie noch auf der Geburtstagsparty weilte und nachher auch nicht. Sie hat ununterbrochen gebetet und bei Christus Zuflucht gesucht. Wer das kann und glaubend die Angst niederknüppelt, ist nicht besessen. Auch die Nacht war ohne teuflische Anfechtungen. Nur die unselige Angst, etwas Verbotenes und den Heiligen Geist Betrübendes getan zu haben, brachte ihr die Panik. Aus der Geborgenheit des Elternhauses, aus dem Schutz des Glaubens fühlte sie sich herausgeschleudert, weil sie der »teuflischen Versuchung nicht mutig genug widerstanden hatte«.

Birgit kam noch zu zwei Gesprächen in Abständen von 14 Tagen. Sie war wieder die Alte, mit einem lebendigen Glauben und einer leidenschaftlichen missionarischen Ausstrahlung. Aber ihre hohe Sensibilität, ihre asthenische Erscheinung, ihre nächtlichen Ängste, Schlaflosigkeit, wenn sie in den Nachrichten von Unglück, Hungersnot oder Erdbeben gehört hatte, ihre übertriebene Angst, in der Nachfolge Christi die Spur zu verfehlen, und ihre Befürchtungen, den Heiligen Geist gelästert zu haben, sind einige Hinweise für eine nervliche, seelische Dünnhäutigkeit, die selbst einen gläubigen jungen Menschen völlig durcheinanderbringen können.

Ein Arzt (Internist) hatte ihr vor Jahren »vegetative Dystonie« bescheinigt. Mit 13 bis 15 Jahren – also während der Pubertätszeit – kam sie nachweislich in Krisensituationen. Eine harmlose Freundschaft mit einem gleichaltrigen Jungen, die abrupt beendet wurde, brachte sie an den Rand des Selbstmordes. Tagebuchaufzeichnungen, die mir Birgit anvertraute, verrieten ihre seelischen Ausnahmesituationen. Das vegetative Nervensystem geriet aus der Fassung.

Für meine Begriffe ist es wichtig, bei okkulten Belastungen und spiritistischen Praktiken den *ganzen* Menschen im Auge zu behalten. Körperliche, seelische und geistliche Aspekte gehören untrennbar zusammen und beeinflussen sich wechselseitig.

*Anmerkung 4:*
Einige wichtige Fragen bleiben:

Wie können wir zwischen dämonischer Beeinflussung und krankhaften Erscheinungen klar trennen?

Es ist nicht möglich. Auch die Bibel verwehrt es uns, diesen eindeutigen Trennungsstrich zu ziehen. Jesus hat ganz vom Alten Testament her gelebt und die alttestamentliche Sicht übernommen, daß Krankheit untrennbar mit dem Endkampf Gottes gegen den Bösen verbunden ist.

Krankheit und Sünde sind ohne den Diabolos, den Durcheinanderbringer und »Menschenmörder von Anfang an« (Joh. 8,44), nicht zu verstehen. Jesus ist in die Welt gekommen, »daß er die Werke des Satans zerstöre« (1. Joh. 3,8). Krankheit, Sünde und Tod sind Werke des Bösen.

Wenn Jesus die Schwiegermutter des Petrus von Fieber heilt, da heißt es im Lukasevangelium, daß er das Fieber »bedrohte«. Es ist ein Ausdruck, der sonst nur bei der Austreibung von Dämonen verwendet wird (Luk. 4,33). Dazu schreibt der Theologe Wolfgang J. Bittner:

»Fieber erscheint nicht als eine mehr oder weniger normale Reaktion des Körpers, z.B. auf eine Infektion. Es ist keine Erscheinung, die als normale Lebensäußerung in den Bereich der guten Schöpfung Gottes gehört. Daran wird die Wirkung des Bösen sichtbar, der diese Schöpfung zerstören will. Darum wird das Fieber von Jesus bedroht und muß weichen.« (Wolfgang J. Bittner, *Heilung – Zeichen der Herrschaft Gottes,* Aussaat-Verlag, Neukirchen-Vluyn 1984, S. 28).

Es ist schon so, hinter allen Leiden, die durch normale Krankheiten charakterisiert sind oder durch dämonische Schwächezustände, hinter allen Vorgängen wird die zerstörerische Macht Satans offenbar. Die Grenzen zwischen den Bereichen sind fließend. Die Herrschaft Gottes, die Jesus aufrichten will, erstreckt sich auf beide Gebiete.

## 2. Die Spaltung der Persönlichkeit (aus der Sicht des Parapsychologen)

Die Parapsychologen, die rein wissenschaftlich den verschiedenen Formen des Spiritismus auf die Spur zu kommen versuchen, lehnen eindeutig eine dämonische Beeinflussung oder eine dämonische Mitwirkung ab. Da sie diese transzendenten Kräfte mehr oder weniger in Abrede stellen, weil sie wissenschaftlich nicht nachweisbar sind, suchen sie innerseelische Erklärungen.

Professor Hans Bender, einer der führenden Parapsychologen in Deutschland, spricht von einer Teilpsyche, von einer abgespaltenen Seele, die sich verselbständigt und ein fremdes Gegenüber bildet. Diese selbständig gewordene Teilpsyche macht sich nun in Form von »Geistern« und »Halluzinationen« bemerkbar. Bender beurteilt sie als neurotische oder psychotische Symptome.

Ebenso glaubt Bender, daß medial veranlagte Personen, Medien, die langfristig spiritistische Séancen veranstalten, sich zunehmend zu gespaltenen Persönlichkeiten entwickeln. Das Seelenleben gerät je länger je mehr aus dem Gleichgewicht. Die sich verselbständigenden Teile der Gesamtpsyche rufen in der Persönlichkeit des spiritistischen Praktikers unwillkürliche und eigenwillige Bewegungen hervor.

Ich habe versucht, die unkontrollierten Hand- und Fußbewegungen bei Birgit zu beschreiben.

Es leuchtet ein, daß die Spaltung der Persönlichkeit durch spiritistische Übungen gefördert wird. Medien, die automatisches Schreiben praktizieren, gleichzeitig Aufgaben rechnen oder bestimmte Gedanken fließend frei sprechen wollen, geraten zunehmend in die Spaltung. Fällt dann das Medium in Trance, bekommen die autonomen Teilpsychen eine solche Macht über die Person, daß sie die Gesamtpersönlichkeit bestimmen. Diese abgespaltenen Teilpsychen werden von den Spiritisten als »Geister der Verstorbenen« gekennzeichnet. So erklärt zumindest die *animistische*

Theorie der Parapsychologie diesen geheimnisvollen Vorgang. Wiederum wird deutlich, daß die Gefahren spiritistischer Praktiken für Leib und Seele groß sind (s. auch S. 52ff).

## *Wie sind die Phänomene zu verstehen?*

Die Beurteilung selbst in christlichen Kreisen ist sehr unterschiedlich. Der katholische Theologe und Okkultforscher Harald Baer schreibt:

»Während der spiritistischen Praxis des Glas-rückens bildet sich ein Komplex, der sich wie ein fremdes Gegenüber zum Ich verhält. Durch Abspaltung der Psyche wird es zu einer ›autonomen Teilpsyche‹, die sich in Form von ›Geistern‹, Halluzinationen usw., das heißt in neurotischen und psychotischen Symptomen aller Art, bemerkbar macht. Die Neigung der Medien zu gespaltenen Persönlichkeiten nehmen zwar mit der Dauer der Übungen zu, wie Prof. Bender aufgezeigt hat. Je stärker der Grad der Verselbständigung ist, desto mehr Probleme hat die Versuchsperson, sich an die Inhalte der Produktionen später zu erinnern.«[3]

Baer rechnet keineswegs damit, daß reale »Geister« sich in Medien zu Wort melden. Diese Geister sind Abspaltungen des Ichs, selbständige Teilpsychen, die allerdings die Psychose – also die seelische Krankheit – fördern können. Der Parapsychologe Prof. Hans Bender macht unmißverständlich darauf aufmerksam, daß die »Dissoziation«, die Spaltung der Persönlichkeit, durch Übungen mit automatischem Schreiben verstärkt wird. Und zweifellos steigert jahrelanges Verkehren in spiritistischen Zirkeln die Sensibilität der Menschen derart, daß sie glauben, Botschaften zu hören, Eingebungen zu empfangen, die sie rational gar nicht einordnen können. Paulus sagt also nicht umsonst: Die Geister der Propheten sind den Propheten untertan (1. Kor. 14,32). Im Trancezustand dagegen gewinnt der abgespaltene Teil der Persönlichkeit einen großen Einfluß auf den ganzen Menschen.

## 3. Der Bann. Ein Erlebnis

Der Evangelist Richard Kriese berichtet in einer Schriftenreihe über ein 17jähriges Mädchen, das sich unwissend in spiritistischen Zirkeln bewegte und böse Erfahrungen machte. Der wörtliche Bericht des Mädchens beleuchtet anschaulich die Gefahren:

»Mit 17 Jahren hatte ich Kontakt zu einer Lehrerin, die uns Schülern von okkulten Dingen berichtete. Diese Lehrerin war eine Spiritistin. Sie las uns aus den Händen und erstellte Horoskope. Ich kam dadurch in einen Bann, aus dem ich mich nicht mehr zu lösen vermochte. Nach meiner Schulentlassung kam ich mit einem jungen Mädchen in Verbindung, deren Tante einen spiritistischen Zirkel leitete. In diesen Zirkel wurde ich eingeführt. Während einer Sitzung fiel ich in Trance und bekam von Geistern Befehle, die ich ausführen mußte. So wurde ich Medium. Was ich dann erlebte, war furchtbar und grausam zugleich. Über diese Zeit könnte ich mehrere Bücher schreiben.

Während einer gottesdienstlichen Veranstaltung hörte ich das Evangelium. Dabei setzte ein Kampf zwischen satanischen Mächten und Jesus Christus ein. Ein Gebetskreis betete für mich. Während der Verkündigung des Wortes Gottes wurde ich unruhig, konnte nicht mehr sitzen und den Namen Jesus weder hören, lesen, schreiben noch singen. Eines Tages aber kam dieser Name doch über meine Lippen. Ich war frei! Meine okkulten Bücher, Hefte, Amulette, Pendel und Fetische gab ich heraus und vernichtete sie. Zur Ehre Gottes darf ich bekennen, daß Jesus Christus mich frei gemacht hat vom Bann dämonischer Mächte.«[4]

Richard Kriese warnt unmißverständlich vor den Praktiken in spiritistischen Zirkeln, wenn er schreibt: »Warum der Trip ins okkulte Halbdunkel so gefährlich ist? Unerklärliche Depressionen stellen sich ein, Lästergedanken steigen auf, sexuelle Perversionen machen zu schaffen, der Jähzorn tyrannisiert, man verfällt Süchten, Selbstmordabsichten quälen und machen das Leben zur Hölle.«[5]

# III. Die vielen Gesichter spiritistischer Phänomene

## 18 verschiedene Spielarten

Der Spiritismus ist vielschichtig. Er wird in etlichen Spielarten praktiziert.

### *1. Spiritistische Visionen*

Sie sind den biblischen ähnlich, werden aber satanisch gesteuert:

Menschen, die aus Familien stammen, die spiritistisch praktiziert haben, berichten über telepathische Wahrnehmungen. In Visionen nehmen sie Brände und Unheil wahr, die kurz danach eintreten.

### *2. Spiritistische Prophetie*

Versammlungen, in denen Diktate von Geistern aufgenommen werden:

Botschaften werden aufgenommen, die nichts mit Offenbarungen Gottes zu tun haben.

### *3. Das Tischrücken*

Junge und erwachsene Menschen sitzen um einen Tisch, bilden mit den Händen eine Kette:

Das Medium versucht, mit Geistern Verstorbener Verbindung aufzunehmen. Die Teilnehmer stellen Fragen, die durch Klopfzeichen des Tisches beantwortet werden.

### *4. Das Quijabord*

Es handelt sich um ein Buchstabierbrett mit dem Alphabet auf dem äußersten Rand und einem Zahlensystem auf dem inneren Ring:

Gehandhabt wird das Brett wie das Glasrücken. Auch hier werden Fragen an den Geist eines Toten gerichtet, der die Fragen über das Alphabet beantwortet.

### 5. *Das Trance-Reden*

Mit Hilfe eines Mediums, das sich in Trance versetzt, werden Geister angerufen:

Über das Medium sprechen die Anwesenden mit den Geistern Verstorbener.

### 6. *Automatisches Schreiben*

Im Mittelpunkt steht wiederum ein Medium, das auf Fragen von Anwesenden antwortet, indem es in einer Art Schreibzwang Botschaften niederschreibt, die als dämonische Botschaften bezeichnet werden müssen:

Mit Botschaften aus dem Unbewußten des Menschen selbst sind viele Erkenntnisse nicht einzuordnen.

### 7. *Konversation mit Geistern*

Starke Medien sind nach Ansicht von Dr. Kurt E. Koch nicht mehr auf Glasrücken und Tischrücken angewiesen. Sie pflegen den Geisterkontakt direkt:

Ärzte werden vermutlich diese Form des Spiritismus als Schizophrenie einordnen.

### 8. *Exkursion der Seele*

Spiritistische Medien sind in der Lage, ihre Seele aus dem Körper herauszusenden, um verborgene Dinge zu erforschen:

Eine solche Exkursion der Seele wird als eine spiritistische Form des Hellsehens bezeichnet.

### 9. *Astralwandern*

Diese spiritistische Form ist verwandt mit der Exkursion der Seele:

Astralwandern unterscheidet sich von der zuvor genannten dadurch, daß die Seele sich in himmlische Höhen verlieren und sogar andere Gestirne besuchen kann.

### *10. Materialisation*

Ein Medium ist in der Lage, Geister Verstorbener zu materialisieren. Ob es sich wirklich um die fotografierbaren Bilder Verstorbener handelt, ist sehr zu bezweifeln.

Bei vielen teleplastischen Erscheinungen bleibt eine dünne Schnur zum Medium erhalten.

### *11. Apporte*

Der Begriff wird von dem lateinischen Wort *apportare* (= herbeibringen) abgeleitet. Plötzlich tauchen Gegenstände in geschlossenen Räumen auf. Die Gegenstände können verschwinden oder in den Räumen liegen bleiben:

Friso Melzer berichtet aus seiner indischen Missionsarbeit von sogenannten Geistersteinen, die unter großem Lärm durch Dächer oder Wände in Räume fielen, ohne die Wände zu zerstören (siehe auch S. 54).

### *12. Translokation*

Unter der Translokation versteht man eine bestimmte Form der Leviation = Aufhebung der Schwerkraft, freies Schweben: Ein Medium ist in der Lage, sich zu dematerialisieren und sich an anderer Stelle wieder zu rematerialisieren.

Dr. Kurt E. Koch schreibt dazu: »In Indien erhielt ich solche Berichte von glaubwürdigen und urteilsfähigen Zeugen. Indische Zauberer können durch solche spiritistische Translokationen Flüsse überqueren. Das ist die dämonische Nachäffung des Wunders, als Jesus auf dem See Genezareth wandelte. Es gibt ja kein Wunder in der Bibel, das der Teufel nicht nachzuahmen versucht.« (*Okkultes ABC*, Bibel- und Schriftenmission Aglasterhausen, Ulm 1984, S. 601)

### 13. *Levitationen*

Sie werden von Spiritisten auf allen Kontinenten praktiziert. In dem Begriff steckt das lateinische Wort *levitas* (= leichtes Gewicht, Beweglichkeit) und das Wort *levare* (= leichter machen, erheben):

Die Schwerkraft scheint aufgehoben zu sein. Personen schweben an der Decke.

### 14. *Telekinese*

Der Begriff setzt sich aus zwei griechischen Wörtern zusammen: *teleo* (= zu Ende bringen) oder auch *telos* (= Ziel, Ende, Grenze) und *kineo* (= fortbewegen). Gemeint ist eine »Fernbewegung«:

Gegenstände werden fortbewegt. Es können kleinere und größere Dinge sein. Der Parapsychologe Bender spricht von »Psychokinese«, dem Fortbewegen von Gegenständen mit Kräften der Psyche.

### 15. *Spiritistische Angriffs- und Abwehrmagie*

Mit Hilfe des 6. und 7. Buches Mose gelingt es Spiritisten, andere Menschen zu schädigen. Das 6. und 7. Buch Mose ist ein Zauberbuch. Es hat mit den biblischen Büchern nichts zu tun:

Die Abwehrmagie ist nicht etwa christlich, sondern satanisch. Magische Sprüche und Abwehrpraktiken sollen die bösen Mächte und Kräfte fernhalten.

### 16. *Teleplasma*

Wörtlich übersetzt heißt Teleplasma Nachbildung auf Entfernung. Es handelt sich um sichtbare Phänomene, die von Medien produziert werden:

Im Trancezustand können Medien unter Schmerzäußerungen diese Stoffe sichtbar machen. Wird das Teleplasma mit einer Nadel angestochen, zeigt das Medium Stichwunden.

### *17. Spiritistische Spukerscheinungen*

Man unterscheidet den ortsgebundenen und den personengebundenen Spuk:

Schwänze von Kühen, Pferden oder Schweinen sind zusammengebunden, obschon alle Türen fest verschlossen waren.

Die Parapsychologie geht davon aus, daß personengebundener Spuk immer von kranken Menschen ausgeht. Sie spalten seelische Energien ab, die dann eine Sonderexistenz führen.

### *18. Spiritistische Kirchen*

Sie gibt es vorwiegend in der englisch sprechenden Welt. England hat mehr als 100 solcher Kirchen:

Hier wird der Kontakt mit der »oberen Welt« praktiziert. Die »Wolke der Zeugen« wird als Geister der Verstorbenen gedeutet, mit denen man Umgang pflegt.

# IV. Was treibt die Menschen heute in die Okkult- und Spiritismuswelle?

Der Okkultismus hat in den vergangenen Jahrzehnten lauthals viele Gebiete des öffentlichen und privaten Lebens erobert. Das rationalistische Weltbild mit seinem stolzen Fortschrittsglauben hat die Menschen enttäuscht. Wenn der Glaube verkümmert, sprießt der Aberglaube. Wenn die Kirchen sich leeren, füllen sich pseudoreligiöse Zirkel und unchristliche Versammlungen mit okkultem Hintergrund.

In der Radio- und Fernseh-Zeitschrift »Hörzu« las ich folgende Notiz: »Nirgendwo sonst glauben so viele Menschen ans Übersinnliche. Teufel und Hexen, Dämonen und Geister – früher gab es sie nur in Märchenbüchern –: heute glauben mehr als 20% der Deutschen daran. Soviel wie in keinem anderen Land Europas. Dies fand das Institut Allensbach heraus. Fazit: Dunkle Mächte haben Konjunktur, besonders bei Jugendlichen. Immerhin rücken 30% von ihnen bei ›schwarzen Messen‹ Gläser und ›sprechen‹ mit Toten. Tendenz steigend.«[6]

Wie lauten die Motive, die diesen gesellschaftlichen Wandel gefördert haben?

## Motiv Nr. 1: Die Großkirchen haben an Attraktivität verloren

In den letzten Jahrzehnten haben die katholische und die evangelische Kirche gewaltig an Einfluß eingebüßt. Neben ihnen sind viele neue Freikirchen entstanden, aber auch viele Sekten und religiöse Gruppierungen haben an Boden gewonnen. Die Besucherzahlen in den Gottesdiensten der Großkirchen haben konstant nachgelassen. Die Austrittswellen haben ein beunruhigendes Ausmaß angenommen. Junge und erwachsene Menschen kehren der Kirche und damit Gott den Rücken. Die Kirche hat es nicht verstanden, auf die drängenden Fragen der Zeit biblisch legitime und vollmächtige Antworten zu geben.

Das *alternative* Denken hat alle Bereiche des menschlichen Lebens erfaßt. Das Wort *alternativ* ist die Zauberformel, mit der eine »Umwertung aller Werte« verbunden ist. Alternatives Leben, alternativer Glaube, alternative Lebensmittel, alternative Pädagogik, alternative Sinnerfüllung und alternative Meisterung des Lebens sind die Schlagworte.

## Motiv Nr. 2: Der Wunsch, allmächtig zu sein

In der Regenbogenpresse wurde und wird der Okkult-Explosion Vorschub geleistet. Vor allem jungen Menschen werden »zuverlässige« Ratschläge aus der »oberen Welt« versprochen. Unsere »überirdischen Begleiter«, die auf medialen Anruf ihre Stimme erheben, geben Auskunft in Lebensfragen, analysieren das Jenseits, das die Menschen eines Tages erleben und erfahren werden.

Der Versucher, der schon Adam und Eva mit Allmachtsfantasien verführte, zieht von Generation zu Generation immer wieder Menschen mit diesem Trick in seinen Bann.

»Die Schlange war das klügste von allen Tieren, die Gott, der Herr, gemacht hatte. Sie fragte die Frau: ›Hat Gott wirklich gesagt, ›Ihr dürft die Früchte von den Bäumen im Garten nicht essen?‹. ›Natürlich dürfen wir sie essen‹, erwiderte die Frau, ›nur nicht die Früchte von dem Baum in der Mitte des Gartens. Gott hat gesagt: Eßt nicht davon, berührt sie nicht, sonst müßt ihr sterben!‹ ›Glaubt das doch nicht‹, sagte die Schlange, ›auf keinen Fall werdet ihr sterben! Aber Gott weiß, sobald ihr davon eßt, werden euch die Augen aufgehen, und ihr werdet alles wissen, genau wie Gott. Dann werdet ihr euer Leben selbst in die Hand nehmen können.‹« (1. Mose 3,1–5)

Darum geht es. Wer möchte nicht wie Gott allmächtig sein? Wer möchte nicht über Leben und Tod Bescheid wissen? Wer möchte nicht in die Zukunft schauen können und auf viele Fragen Antworten wissen?

## Motiv Nr. 3: Ein Protestverhalten

Die neuen und uralten religiösen Bewegungen Okkultismus und Spiritismus sind eine *Protestbewegung*. Wenn sich junge Menschen Satanskulten anschließen, schwarze Messen feiern und sich perversen Ausschweifungen hingeben, dann offenbaren diese Praktiken ein massives Verweigerungsverhalten. Die Institution Kirche wird als übermächtiger Apparat erlebt, der wie eine Maschine funktioniert, aber an Lebensbegeisterung verloren hat. Die Welt wird ähnlich erlebt. Technokraten und intellektuelle Macher haben das Sagen. Okkultistische Kreise und spiritistische Zirkel sind anti-institutionell, anti-kirchlich und anti-bürgerlich. Das Verbotene und Suspekte reizt. Je ausgefallener, desto beliebter. Der Protest schimmert durch alle Ritzen und geht bis zur Gewalt.

## Motiv Nr. 4: Wahrheitssuche

Viele Menschen sind in ein geistiges und religiöses Vakuum geraten. Sie begeben sich auf die Suche nach Neuem. Außergewöhnliches und Verrücktes üben einen großen Reiz aus. Wünsche und Sehnsüchte sollen befriedigt werden. Viele wollen sich finden, um neue Gemeinschaften zu erleben und dem Morgen einen neuen Sinn zu verleihen. Wer auf der Suche nach Sinn ist, vermißt den Sinn im Leben. Wer Antworten sucht, dem stehen sie nicht zur Verfügung. Offenbarungen, die auf geheimnisvolle Weise übermittelt werden, Stimmen, die man registrieren kann, und Antworten auf Fragen, die Überirdische auf wunderbare Weise den Irdischen vermitteln, locken Interessierte an.

## Motiv Nr. 5: Interesse an der jenseitigen Welt

Mit der Wahrheitssuche ist ein Erforschen unerschlossener Lebenswirklichkeiten verbunden. Das Diesseits mit seinen ungelösten Problemen und seinen bedrohlichen Perspektiven veranlaßt die Menschheit, über den Tellerrand unseres Weltgeschehens hinauszuschauen. Die gesamte New Age-Bewegung denkt in ganzheitlichen Dimensionen. Diesseits und Jenseits, Mikrokosmos und Makrokosmos, die sichtbare und die unsichtbare Welt, die Welt der Medien und die Welt der Geister werden in die Lebenswirklichkeit einbezogen.

Je weniger der Mensch die hochkomplizierten Vorgänge unserer hochtechnisierten Welt versteht, desto mehr hält er Ausschau nach irrationalen, geheimnisvollen und mysteriösen Vorgängen, die ihm die Transzendenz vermittelt. Der Spiritismus bietet sich hier an, dem Leben eine neue Dimension zu eröffnen. Junge Menschen sind begeistert, wie nahtlos Diesseits und Jenseits miteinander verbunden sind.

## Motiv Nr. 6: Spiritismus und Satanismus sind eine Gegenbewegung

Das Wort *gegen* spielt im Spiritismus und besonders im Satanismus eine große Rolle. Es handelt sich um eine Anti-Bewegung, die alles Bürgerliche, Christliche, Geordnete, Saubere und Moralische in Frage stellt:

Aus weiß wird schwarz,
aus Recht wird Unrecht,
aus Ordnung wird Unordnung,
aus Moral wird Unmoral,
aus Glauben wird Unglauben,
aus Todsünden werden Tugenden,
aus Gottesanbetung wird Satansanbetung.

Die Blasphemie feiert Triumphe. Aus Sinnlosigkeit und Langeweile werden Brutalität und Verrücktheiten geboren.

Das Satanische wird darum zum Abstoßendsten hochstilisiert, weil es dem Normalbürger von heute als Ausgeburt der Hölle erscheint. Die Provokation ist grenzenlos. Die Schockelemente können kaum noch gesteigert werden. Viele Jugendliche fordern die extremsten Herausforderungen. Und die Brüskierung der Erwachsenen gelingt ihnen total. Auf bestimmten Plattencover, die eine bestimmte Hardrock-Musik anbieten, erscheinen Särge, Leichen, Geschändete, Totenköpfe, Galgen, Grabsteine und Ratten.

Das Abscheuliche steht im Mittelpunkt, das Schreckliche gibt den Ton an.

## Motiv Nr. 7: Der Geborgenheitsverlust

Der Mensch unserer Tage ist heimatlos geworden. Der religiöse Schutzraum ist verloren gegangen. Jungen Menschen fehlt das Haus, die innere Mitte und der Halt. Kaputte Ehen und kaputte Familien, zerbrochene »Häuser« und ein zerbrochener Glaube haben sie einsam und unstet gemacht.

Sie suchen daher nach Ersatz-Göttern, nach Ersatz-Häusern und Ersatz-Geborgenheiten. Jugendsekten und Okkultismus, die plötzlich das Feld beherrschen, entstehen nicht von selbst. Sie können auch nicht künstlich hochgepeppelt werden. Sie bieten sich als Antwort auf Fragen junger Menschen an, die auf der Suche sind. Jugendsekten und Okkultismus sind Antworten auf Leerräume, die Erwachsene gewollt oder ungewollt produziert haben. Selbst Anfänger im Physikunterricht wissen, daß Leerräume eine gewaltige Sogkraft ausüben. Sie bleiben nicht leer, sie werden unweigerlich gefüllt. Darum kann die Frage an Kirche und Gemeinschaft nur lauten: Was haben wir in Verkündigung, Seelsorge und Erziehung versäumt, daß solche Leerräume entstehen konnten? Was können wir tun, um die Sehnsucht nach Geborgenheit, nach Sinn und Lebensperspektive zu fördern?

# V. Die spiritistische Bewegung

## 1. Die Schwestern Fox

Der Spiritismus mit seinen vielen Erscheinungsformen nahm in der Mitte des vorigen Jahrhunderts seinen Anfang.

Wir schreiben das Jahr 1848. In Europa wird das »Kommunistische Manifest« durch Karl Marx aus der Taufe gehoben. Der Materialismus feiert seine Triumphe. Und in Nordamerika ereignen sich in einem kleinen Städtchen Hydesville im Staat New York unheimliche und unerklärliche Dinge.

Im Haus des Methodistenpastors John D. Fox, der mit seinen drei Töchtern zusammenlebt, ereignen sich eines Tages rätselhafte Spukphänomene. Klopftöne und Geräusche dringen aus verschiedenen Zimmern. Schritte werden in unterschiedlichen Etagen vernommen. Die damals neunjährige Tochter Kate verspürt eine kalte Hand auf ihrem Gesicht und reagiert verstört. Das Haus wird auf den Kopf gestellt, Polizeibeamte durchsuchen den letzten Winkel und finden nichts. Immer neue Theorien werden geboren.

Eines Tages war man überzeugt, daß im Hause ein Kaufmann ermordet worden war und sein Geist keine Ruhe finden konnte. Als das Haus abgeklopft und Wände und Mauern abgehorcht wurden, fand man im Keller des Hauses Knochenstücke und einen Schädel. Aber erst 1904, als eine Wand des Kellers einstürzte, fand man einen bisher verborgenen Hohlraum und das Gerippe eines Mannes ohne Schädel.

Es ist kein Zweifel – die Schwestern Fox wurden die Urheberinnen der spiritistischen Bewegung. Die Berichte über die Ereignisse verbreiteten sich in Windeseile über Amerika nach Europa. Die Schwestern verstanden es auch meisterhaft, aus Spuk und Spiritismus Kapital zu schlagen.

Vierzig Jahre später gaben sie ehrlich zu, mit Tricks und raffinierten Methoden ihre Geisterkontakte manipuliert zu haben.

In erstaunlich kurzer Zeit verbreitete sich die Bewegung über Amerika. Tausende von Logen wurden in Nordamerika gegründet, Hunderte in England und in Deutschland. Südamerika wird heute als spiritistischer Kontinent bezeichnet. Der Weltverband der Spiritisten hat hier die meisten Anhänger.

## 2. Der kardecistische Spiritismus

Die führenden Wissenschaftler im vorigen Jahrhundert erklärten den Spiritismus animistisch, d.h. sie hielten die spiritistischen Phänomene nicht für Einwirkung von Geistern Verstorbener, sondern deuteten sie als ungeheuerliche Fähigkeiten des menschlichen Seelenlebens. Das herausfließende Fluid, das den Medien in Trance aus Mund, Nase und Ohren strömte, sei ebenfalls Verkörperung des Seelenlebens.

Der wichtigste Vertreter für Brasilien wurde der Franzose Allan Kardec, der von 1804 bis 1869 lebte. Sein Name ist ein Pseudonym für L.D. Rivail, er wird als der geistige Vater der spiritistischen Lehren angesehen.

Kardec, von Beruf Lehrer, besuchte eine Pestalozzi-Schule in der Schweiz, ging nach Paris zurück und gründete ein pädagogisches Institut im Sinne Pestalozzis. 25 Jahre später geriet er in den Einflußbereich Franz Anton Mesmers (1734–1815), der den animalischen Magnetismus, eine Heilungsbewegung, begründete. Mesmer kämpfte als Arzt gegen die dämonologische Deutung einer Krankheit. Er glaubte, Krankheit sei eine Störung der Natur, und mit Hilfe des animalischen Magnetismus könnten Leib, Seele und Geist des Menschen wieder zur Harmonie gebracht werden. Mesmer verstand sich als Arzt, Heiler und Priester in einer Person. Über seine Schüler (»Mesmeriten«) lernte Kadec den animalischen Magnetismus kennen. Die Schüler Mesmers beschäftigten sich mit Geistererscheinungen Verstorbener, mit Reinkarnation und mit Hellsehen. Kardec beschäftigte sich jetzt ganz mit den spiritistischen Phänomenen und schrieb einen dicken Wälzer: Le Livre des esprits (1856). In diesem »Buch der Geister« werden unzählige Fragen von sogenannten Geistern beantwortet. Die Antworten sind katechismusartig strukturiert.

Die Veröffentlichung des Buches im Jahre 1856 gilt für den brasilianischen Spiritismus als Gründungstag. Weitere Bücher Kardecs bilden die sogenannten heiligen Schriften des Spiritismus. Sie gelten als die direkte Offenbarung neben Mose und Jesus Christus. Eins der Bücher Kardecs trägt den Untertitel »Evangelium gemäß dem Spiritismus. Eine Erläuterung der moralischen Grundsätze Christi in ihrer Übereinstimmung mit dem Spiritismus und in ihren Anwendungen auf verschiedene Lebensumstände«.

Bei Intellektuellen und hohen Militärs erlebte dieser Spiritismus in Brasilien einen Siegeszug. Allmählich erfaßte er alle Bevölkerungskreise und alle sozialen Schichten.

Um 1870 wurden in Brasilien die ersten spiritistischen Zirkel gegründet. Einer der Zirkel hatte den Leitspruch: »Ohne Caritas kein Heil, ohne Caritas kein wahrer Spiritist«. Die tätige Liebe und die Krankenheilung, das Abstreifen schädlicher Stoffe und Energien aus dem Körper der Kranken wurden überall – wie bei Anton Mesmer – praktiziert. Diese magischen Heilungen waren auch schon bei indischen und afrikanischen Zauberern bekannt.

Da viele spiritistische Zirkel mit unterschiedlichen und oft gegensätzlichen Zielrichtungen sich bildeten, wurde auf einem pan-amerikanischen Kongreß vereinbart, die Bücher Kardecs als sogenannte Heilige Schriften anzuerkennen, um eine Richtschnur für alle weiteren Geisteroffenbarungen zu erhalten. Da dieser Spiritismus sich auch christlich verstand, wurde das Motto in allen Zirkeln bejaht: »Gott, Christus und Caritas«. Über 5000 spiritistische Gesellschaften schlossen sich in Brasilien unter diesem Motto zusammen. Warum ist dieser kardecistische Spiritismus in Brasilien so verbreitet? Die Hauptgründe lauten:

- Die gelebte Nächstenliebe spielt in allen Bevölkerungskreisen eine große Rolle.
- Spiritistische Institute wie Altersheime, Krankenhäuser, Polikliniken, Kinderheime, Schulen und berufliche Ausbildungsstätten erfreuen sich einer großen Beliebtheit.
- In Hauskreisen versammeln sich Mitglieder des »christlichen Spiritismus«. Die Zusammenkünfte werden mit Gebet und Lesung von Texten gefüllt. Alle Anwesenden sind mitbeteiligt.
- Etwa 100 Radiostationen bringen regelmäßig spiritistische Programme.
- Zeitschriften, Tageszeitungen und Fernsehen haben in der Regel eine spiritismusfreundliche Einstellung.
- Von den Büchern Kardecs sind Millionen von Exemplaren in Brasilien vertrieben worden. Die Verbreitung spiritistischer Bücher umfaßt zweistellige Millionenzahlen.
- Es gibt eine umfangreiche spiritistische Erbauungsliteratur, Gebete, Meditationen; sogenannte »Evangelistische Schriften« werden in Massenauflagen vertrieben.

Die Zahlen, die über den Spiritismus in Brasilien verbreitet werden, gehen weit auseinander. Hunderttausende, die sich zum Spiritismus bekennen, gehören gleichzeitig auch zu den offiziellen Kirchen. Mit Sicherheit sind es einige Millionen Mitglieder, die sich zum kardecistischen und zum afrobrasilianischen Spiritismus bekennen.

## 3. Der Offenbarungs-Spiritismus

Es handelt sich um pseudochristliche Gruppen, die überall in der Welt eine Rolle spielen. Im deutschsprachigen Raum gibt es eine Reihe von Religionsgemeinschaften, die speziell von Pfarrer Friedrich-Wilhelm Haack benannt und zusammengestellt wurden. Der mangelnde Einfluß der Großkirchen läßt ständig neue religiöse Gruppen entstehen. Haack beschreibt diesen »Offenbarungs-Spiritismus« folgendermaßen:

»Der *Offenbarungsspiritismus,* bei dem die Medien sich als Empfänger der Botschaften Jesu oder Gottvaters und sich selbst als Propheten oder Prophetinnen verstehen. Sie lehnen es ab, als Medien angesehen und bewertet zu werden, und halten ihren medialen Dienst für ›Gottes letztes Angebot an die Menschheit, kurz vor dem großen Gericht bzw. der großen Weltenwende‹. Zu dieser Sorte von Spiritismus gehören etwa das

- ›Heimholungswerk‹ bzw. ›Universelle Leben‹ der Gabriele Wittek in Würzburg oder der
- ›Orden FIAT LUX‹ des Mediums Erika Bertschinger in Egg bei Zürich.

Zu den *spiritistisch-spiritualistischen Religionsgemeinschaften* zählen im deutschsprachigen Raum außerdem:

- die ›Johannische Kirche‹ (ehemals Evangelisch-Johannitische Kirche nach der Offenbarung, Berlin);
- der ›Lichtkreis Jesu Christi‹ (Übersee-Chiemsee);
- die ›Geistige Loge Zürich‹ und der ›Verein Pro Beatrix‹ (Zürich);
- der ›Lichtquell Bethanien‹ (Sigriswil am Thuner See);
- der Kreis ›Geistige Sonne‹ (Schliersee).

Doch für viele Beobachter unerwartet und dem angeblichen rationalistischen Trend der Zeit widersprechend, hat sich insbesondere bei Jugendlichen, und hier bei immer jüngeren Beteiligten in allen Schulformen, eine Welle von Okkult-Betätigungen und ein starkes Interesse an magischen und okkultistischen Themen, an Mythen und Mysterien gezeigt.

Die neue Form spiritistischer Beschäftigung bei Jugendlichen geht vor allem auf das Interesse der ›Erwachsenenwelt‹ an Bereichen wie der Parapsychologie und dem NEW AGE zurück. Man kann die Beschäftigung von Schülern und Jugendlichen mit spiritistischen und okkultistischen Techniken und Ideen als ›NEW AGE der Kinder‹ bezeichnen.«[7]

## 4. Spiritistische Zirkel und ihre Verbreitung

Wir sprechen gegenwärtig nicht umsonst von einer »Okkultexplosion«. »New Age«, neue »Jugendreligionen« und esoterisch-okkulte Weltanschauungsbewegungen stellen für Kirche und Gesellschaft eine große Herausforderung dar.

Früher verstand man unter Okkultismus Lehren, die als »verborgen« und »geheimnisvoll« galten. Heute wird Okkultismus als Lehre definiert, die verborgene, in unsere wissenschaftliche Systematik nicht einzuordnende Tatsachen der Natur des Seelenlebens beschreibt. Die nicht einzuordnenden Phänomene sollen an unbekannte Kräfte gebunden sein, besonders an »begabte« Personen, die man als medial bezeichnet.

Der Philosoph Adorno prägte den provozierenden Satz: »Okkultismus ist die Metaphysik der dummen Kerle.« Er beschäftigte sich mit rational nicht mehr erfaßbaren Phänomenen, die in der sinnlich wahrnehmbaren Welt rätselhaft bleiben.

Heute schießen spiritistische Zirkel überall aus dem Boden. Schüler treffen sich in Clubs, wo »Tischrücken« und »Gläserrücken« praktiziert werden. Unsichtbar anwesende Geister Verstorbener sollen über ausgelegte Alphabete Antworten auf Fragen der Beteiligten geben.

Noch vor 30 Jahren konnte ein Kenner der Okkult-Szene in Deutschland schreiben: »Spiritistische Zirkel und leistungsfähige Medien, wie sie noch vor 35 Jahren in Europa bekannt waren, sind sehr selten geworden. Meines Wissens gibt es zur Zeit in ganz Europa kein Materialisationsmedium mehr, also ein Medium, in dessen Gegenwart es zu ›Materialisationen von Geistern Verstorbener‹ kommen kann. Auch in der okkulten Literatur spielt der Spiritismus fast keine Rolle mehr. Das Tischrücken und das automatische Schreiben und ähnliche Praktiken sind nicht sehr verbreitet. Die Zirkel sind selten und dann klein und unbedeutend.«[8]

30 Jahre sind inzwischen vergangen. Mit dem Aufblühen der New Age-Bewegung ist auch der Spiritismus neu in Mode gekommen.

## 5. Die größte pseudoreligiöse Sekte

Der Spiritismus ist heute die größte pseudoreligiöse Sekte. Dr. Hutten bezifferte den Weltverband der Spiritisten auf mindestens 50 Millionen Gläubige. Professor Blanke in Zürich spricht sogar von 70 Millionen Spiritisten, wobei allein auf Europa und Nordamerika mindestens 20 Millionen Anhänger entfallen sollen.

Haiti, schreibt Dr. Kurt E. Koch, sei heute ein zweites großes Zentrum des Spiritismus. Die Praktiken des Wodu seien eine Mischung aus Magie und Spiritismus.

In Nordamerika, vor allem in Kalifornien, gebe es einen Hexenkessel spiritistischer Umtriebe. Allein in Los Angeles gebe es 6000 spiritistische Zirkel und 40 spiritistische Kirchen. In der Stadt Zürich allein soll es ca. 400 spiritistische Zirkel mit einer eingeschriebenen Mitgliederzahl von ca. 20 000 geben, d.h. mehr als alle aktiven Kirchgänger der reformierten Kirche zusammengenommen.

In Europa steht wohl England an der Spitze der spiritistischen Bewegung. Neben der »Greater World Christian Spiritualist League« gehören allein zur »Spiritualists National Union« 460 Kirchen! Einige Tausend spiritistische Geistheiler arbeiten über das Land verteilt.

Der modernste Staat Südamerikas, Brasilien, hat allerdings den Vogel abgeschossen. Dieses Land mit seinen unermeßlichen Naturschätzen und seiner großen Armut wird von Geistern und Geistersehern beherrscht. Geisterverkehr und Geisterglaube sind bis in die führenden Regierungsschichten anzutreffen. In allen Volksschichten werden die Sendboten des Jenseits angerufen, um Kranke zu heilen, mysteriöse Operationen durchzuführen, Rezepte zu prüfen und Diagnosen durch Klopfsprüche zu vermitteln.

Drei Staatspräsidenten der Nachkriegszeit – Vargas, Kubitschek und Quadros – waren angeblich praktizierende Spiritisten. Kenner schätzen, daß 10 Millionen Menschen dieser Lehre anhängen und ca. 80% der gesamten Bevölkerung an die Existenz von Geistern glauben. Allein Rio de Janeiro soll nach vertrauenswürdigen Berichten 7000 spiritistische Versammlungslokale – Terreiros genannt – besitzen, viel mehr als Kirchen.

»Man kann sagen«, schreibt der Franziskanerpater Kloppenburg, »daß es in den Vorstädten keine Straße gibt, die nicht ihr eigenes Spiritistenzentrum hat. Jede Pfarrei weist deren Hunderte auf. Befragt über ihre Religion, antworten selbst die Vorsteher der Terreiros, die sogenannten ›Baloos‹, daß sie auch katholisch seien.«[9]

Daß die katholische Kirche über diese Vorgänge zutiefst beunruhigt ist und hier heidnische, okkulte Elemente am Werke sieht, dürfte klar sein.

Geisteroperationen sind an der Tagesordnung. In den modern eingerichteten Operationssälen spielen sich die schönsten spiritistischen Séancen ab. Die Geister verstorbener Kapazitäten werden zur Mitarbeit herangezogen. Selbst der Geist Sauerbruchs muß für chirurgische Eingriffe herhalten, wenn Ärzte sich von ihm, versunken in Trance, mit nachtwandlerischer Sicherheit die Hände führen lassen.

Der prominenteste Patient, der sich von Geistern operieren ließ, war Staatspräsident Kubitschek, der die »modernste Hauptstadt der Welt«, Brasilia, gründete.

Es gibt überall in Brasilien Apotheken, die nur »Geisterrezepte« annehmen, und wenn ihre Kunden normale Rezepte bringen, so lassen sie diese auf spiritistischen Sitzungen nachprüfen. Die bedeutendsten Ärzte in Rio und Sao Paulo sollen Spiritisten sein und keine Diagnose stellen, ohne vorher die verstorbenen Größen der Medizin um Rat gefragt zu haben.

## 6. Der Fall Brasilien

Unter dieser Überschrift beschreibt Prof. Wagner, amerikanischer Theologe am Fuller Theological Seminary in Californien, was in Brasilien vor sich geht:

»Nehmen wir einmal das Beispiel Brasiliens. Der Spiritismus, dem es im wesentlichen darum geht, Menschen in direkten Kontakt mit der Geisterwelt zu bringen, gehört in Brasilien zum Alltag. Berichte sprechen davon, daß etwa 70% der Brasilianer die mehr als 300000 spiritistischen Zentren aufsuchen. Bei Fußballspielen nehmen die gegnerischen Teams Spiritisten unter Vertrag, die das jeweils andere Team verfluchen. Geistheiler operieren ohne Betäubungsmittel und ohne daß Schmerzen auftreten oder Blut fließt. Menschenmengen von bis zu 250000 Personen treffen sich beim jährlichen Fest für die Göttin des Meeres am Strand von Pria Grande. Einige der Regierungsbeamten befragen regelmäßig spiritistische Medien, bevor sie wichtige Entscheidungen treffen.

Das Wachstum des brasilianischen Spiritismus könnte einem Angst machen. Die 70%, die sich heute mit Spiritismus befassen, stehen jenen 8% vor 40 Jahren gegenüber. Der römische Katholizismus hat große Rückschläge erlitten. Forschungen haben gezeigt, daß nur 2,5% der Brasilianer sich an Priester oder Pastoren wenden, wenn sie Hilfe brauchen, weil sie der Überzeugung sind, daß diese keine Kraft haben, mit den Auswirkungen magischer Flüche wirkungsvoll umzugehen. Nur die Pfingstbewegung übertrifft dieses Wachstum des Spiritismus, hauptsächlich deshalb, weil die Pfingstler im allgemeinen etwas von geistlicher Kampfführung verstehen und nicht davor zurückschrekken.«[10]

Deutlich wird: Professor Wagner setzt sich in seinem Buch besonders mit Krankenheilung und Dämonenaustreibung auseinander. Er ist der Überzeugung, daß nur dann eine christliche Verkündigung und Mission in Brasilien erfolgreich ist, wenn Dämonen vollmächtig ausgetrieben werden können. Wagner sieht die Kraftlosigkeit der Großkirchen, kritisiert aber auch die evangelikalen Gruppen, die weitgehend vor dem Spiritismus fliehen und die Auseinandersetzung vermeiden. Ein spiritistisch verseuchtes Land braucht eine Verkündigung, die eine »geistliche Kampfführung« bevorzugt und keine Angst hat, sich den wachsenden Kulten zu stellen.

# VI. Erklärung der Bischofs-Konferenz der Vereinigten Evangelisch-Lutherischen Kirche Deutschlands (VELKD)

Am 18. 10. 1986 hat die Konferenz eine Erklärung abgegeben, die für Verantwortliche, Eltern, Lehrer und Erzieher und für Jugendliche selbst hilfreich sein kann.[11]

## 1. Der Text

*Erklärung der Bischofs-Konferenz der VELKD*

»Wie Berichte aus allen Teilen der Bundesrepublik zeigen, breitet sich zunehmend eine Welle okkultistischer Betätigungen aus, die neben Erwachsenen auch zahlreiche Jugendliche erfaßt:

- Es wird versucht, mittels besonderer Vorkehrungen Kontakt mit Verstorbenen oder mit angeblich jenseitigen Wesenheiten aufzunehmen.
- Magische Selbst- und Fernheilmethoden werden praktiziert.
- Wahrsager, Hellseher und Personen, die sich selbst als Hexen bezeichnen, haben Zulauf. Astrologische Betätigungen werden propagiert.
- Satansbeschwörungen und Tötungsrituale werden praktiziert.
- Durch okkulte und spiritistische Praktiken entstehen seelische Bindungen und Ängste, die zu schweren Beeinträchtigungen der Persönlichkeit führen können.

Wer sich auf solche Dinge einläßt, betreibt kein harmloses Spiel, sondern liefert sich der Macht des Bösen aus. Aus Sorge um den Menschen, auf Grund des ersten Gebotes, ›Ich bin der Herr, dein Gott, du sollst nicht andere Götter haben neben mir‹, warnt die Kirche heute wie zu allen Zeiten vor okkulten Praktiken jeder Art.

Konkrete Beispiele aus jüngster Zeit zeigen, daß zunehmend jüngere Menschen sich dem Spiritismus zuwenden. Kinder sind besonders feinfühlig und neugierig, das Außergewöhnliche reizt sie. Darum bittet die Bischofs-Konferenz die Eltern, okkulten Symbolen und Praktiken gegenüber wachsam zu sein und das liebevolle, klare Gespräch mit ihren Kindern zu führen.

Angesichts der persönlichkeitsschädigenden Wirkungen okkulter Betätigungen werden die Redakteure in Presse, Hörfunk und Fernsehen an ihre Verantwortung für eine kritische Berichterstattung erinnert. Die Bischofs-Konferenz bekräftigt die Gewißheit, daß Gott der Herr der Zukunft ist, und daß Jesus Christus von aller Macht des Bösen befreit.«

## 2. Einige Anmerkungen

### *a) Persönlichkeitsstörungen*

Eindeutig warnen die Theologen vor seelischen Bindungen und Persönlichkeitsstörungen. Die Erfahrungen aus der Seelsorgepraxis bestätigen diese Auffassung. Es kann zu Fehlhaltungen kommen, weil unbewußte Ängste und ein labiles Nervenkostüm die psychische Gesundheit untergraben. Diffuse Ängste können die Persönlichkeit aus dem Gleichgewicht bringen.

### *b) Abhängigkeit von dunklen Mächten*

Schlimmer noch ist die Abhängigkeit von Kräften und Mächten, die der Mensch leichtfertig in Anspruch nimmt. »Die Geister, die ich rief, die werd' ich nicht mehr los« (Goethe). Die Bindungen, die entstehen, sind sicher bei allen Menschen unterschiedlich. Aber sie können vor allem junge Menschen in Bann schlagen. Sie binden sich und fühlen sich gebunden. In jugendlichem Leichtsinn wagen sie alles und verlieren jegliche Selbstkontrolle.

### *c) Bluff oder Realität?*

Einer der Fachberater in der »Arbeitsgemeinschaft für Religions- und Weltanschauungsfragen«, Friedrich-Wilhelm Haack, schreibt in einem Kommentar über die Gefahren des Okkultismus:

»Immer wieder wird gefragt, ist nun das alles Bluff oder ist es Realität? ... es ist ja nicht etwa die Alternative zwischen unrealistischem Schwindel und realistischer Gegenwart von Geistern und Teufeln, sondern die Wirkung ist in jedem Fall die gleiche: Menschen werden in den Bann einer für sie zerstörerischen Sache gezogen. Ob sie das nun glauben und wissen oder nicht ... Unser Begriff von Wirklichkeit richtet sich oft nach dem Begriff des Meßbaren bzw. ›für einen anderen einsichtig Belegbaren‹. Doch Wirklichkeit kommt von ›wirken‹. Was auf uns einwirkt, ist für uns wirklich.«[12]

# VII. Der Teufelspakt

Der Vertrag mit dem Teufel, den überall Jugendliche mit dem Satan schließen, ist eine provokative Kampfansage an die bürgerlich-christliche Welt. Junge Menschen laufen mit diesem Pakt Sturm gegen alle Gesetze, Wertordnungen und kirchlichen Überlieferungen. Die Glaubenswelt der Erwachsenen wird mit Füßen getreten. Das Heilige wird in den Schmutz gezogen. Dem Glauben an Gott wird abgeschworen, die Satansverehrung wird gefordert. Folgende Bedingungen müssen von den Novizen, die sich für den Satansdienst entscheiden, eingehalten werden. Vertragsunterlagen sind örtlich verschieden und stammen wahrscheinlich aus mittelalterlichen Quellen.[13]

## 10 Regeln

Regel Nr. 1: Der Vertrag ist mit eigenem Blut zu unterschreiben.

Regel Nr. 2: Der Vertrag muß im Beisein eines Hexers oder Magiers oder Stellvertreter des Teufels geschlossen werden.

Regel Nr. 3: Mit der Unterschrift wird dem Novizen grenzenloser Reichtum und sämtliche sinnlichen Genüsse dieser Welt verheißen.

Regel Nr. 4: Der Novize muß dem Glauben an Gott und Christus abschwören und auf den Schutz des Dreieinigen Gottes, auf den Beistand der Kirche und die Sakramente verzichten.

Regel Nr. 5: Der Novize verpflichtet sich, dem Teufel bedingungslos zu gehorchen und sich seinen Anordnungen zu unterwerfen. Mit der völligen Unterwerfung verspricht der Novize, alle christlichen Gebote beiseite zu tun, die Sabbate des Satans zu halten und die schwarzen Messen nicht zu versäumen.

Regel Nr. 6: Die Novizen verpflichten sich, mit aller Kraft missionarisch für die Satansnachfolge zu werben.

Regel Nr. 7: Die Novizen erhalten die satanische Taufe, verfluchen ihre christlichen Paten und Patinnen und erhalten satanische Paten, die sie in den Satanskult einführen.

Regel Nr. 8: Der Novize legt seinen bisherigen Namen ab und erhält einen satanischen Erkennungsnamen, der seine Zugehörigkeit zum Volk Satans garantiert.

Regel Nr. 9: Satansymbole werden bei Männern und Frauen an Augenlidern, Achselhöhlen, Schultern, Gesäß, Brüsten und Schamlippen angebracht.

Regel Nr. 10: Der Novize verpflichtet sich, zu bestimmten Zeiten Opfergaben darzubringen, die Mord und Totschlag mit einschließen können.

Die Kenntnis dieser Regeln kann vielleicht helfen, befremdliches Verhalten richtig einzuordnen, um das Gespräch darüber und Lösung aus der Verpflichtung anzustreben.

# VIII. Das Medium des C. G. Jung

Der Begründer der Analytischen Psychologie, Carl Gustav Jung, der sich besonders in christlichen Kreisen einer großen Beliebtheit erfreut, begann seine Karriere mit spiritistischen Sitzungen. Das ist für viele Jung-Anhänger ärgerlich und peinlich. Aber die historischen Quellen zeigen das unwiderlegbar.

1982 erschien dazu von einer intimen Kennerin der Jungschen Familie in Basel ein Beitrag in der Wochenend-Beilage der »Baseler Zeitung«.[14] Schon seine Dissertation, die 1902 veröffentlicht wurde, beschäftigte sich mit dem Thema: »Zur Psychologie und Pathologie sogenannter okkulter Phänomene«. Später nahm Jung die Arbeit in seine gesammelten Werke auf.

Als Medium diente dem weltberühmten Seelenforscher dabei ein halbwüchsiges Mädchen, seine Cousine Helly Preiswerk. Das Mädchen war ihm in schwärmerischer Liebe ergeben. Die Baseler sollten von dem Skandal nichts wissen, denn die Veröffentlichung der Doktorarbeit, die eingehend über Séancen und Geisterbeschwörungen mit »Frl. S. W.« berichtete, könnte der Familie und dem angehenden Psychologen schaden. Jung kannte das Mädchen von klein auf. In seiner Doktorarbeit zeichnet er ein ziemlich unvorteilhaftes Bild von ihr.

An den spiritistischen Sitzungen nahmen seine Mutter, seine ebenfalls medial veranlagte Schwester und andere Cousinen teil. Der Student Jung war der Initiator der Séancen. Alles, was es damals über Spiritismus gab, hatte er gelesen.

Die Séancen fanden in seinem engsten Familienkreis statt. Jung glaubte an »die übernatürlichen und göttlichen Kräfte seines Mediums«, schreibt Stephanie Zumstein-Preiswerk, eine Verwandte der Jung-Familie. Weiter heißt es bei ihr:

»Wir begreifen das besser, wenn wir die näheren Umstände und die überaus fromme Atmosphäre kennen, in der Jung aufwuchs. Schon als Knabe waren ihm übersinnliche Erscheinungen wie Engel und Geister etwas Selbstverständliches. Von seiner Mutter erfuhr er, daß seine Großeltern mit den Seelen Verstorbener in ständiger Verbindung gewesen seien. Emelie Jung führte ein Tagebuch über alles ›Unerklärliche‹ (Para-Psychologisches), das ihr zustieß.«[15]

Frau Zumstein-Preiswerk bezichtigt Jung der Lüge, wenn sie schreibt:

»Jung behauptete nämlich fälschlicherweise, er habe die Notizen über die spiritistischen Experimente in einer Schublade versorgt und sie erst nach dem Tode des Mediums hervorgeholt. Einige Jahre später sei darüber seine Dissertation entstanden. Helly (das Medium), starb jedoch 1911, und die Doktorarbeit erschien 1902.«[16]

Das Medium Helly blieb unverheiratet, weil niemand ein Mädchen aus einer »erblich belasteten Familie« heiraten wollte. Wahrscheinlich wurde Helly, das Medium, auch Jungs Geliebte. 1902 besuchte er sie in Paris, führte sie aus und schrieb ihr freundschaftlich-intime Briefe. Medium Helly hatte aber keine Ahnung, daß Jung ihre Träume bereits publiziert hatte. Jung selbst schreibt über das Ende des Mediums:

»Mit 26 starb sie an Tuberkulose. Nach ihrem Tod erfuhr ich von ihren Angehörigen . . ., daß sie in den Zustand eines 2jährigen Kindes zurückkehrte, in welchem Zustand sie in den letzten Schlaf fiel . . . Wiederum mußte ich etwas des Nachdenkens Würdiges unerledigt zur Seite legen. Erst ein paar Jahre später ist daraus meine Dissertation entstanden.«[17]

Das Medium Helly starb in der Tat mit 30 Jahren. Die Verwandtschaft ist der Meinung, daß sie völlig normal und ohne geistigen Zerfall gestorben sei. Hat Jung recht, daß sie geistig verwirrt war? Ist es möglich, daß das Medium, das sich womöglich dämonischen Mächten und Kräften aussetzte, in eine mediumistische Psychose abrutschte?

# IX. Spuk und Spiritismus

Spuk und Spiritismus sind eng miteinander verbunden. Wir begegnen Erscheinungen, über die durch die Jahrhunderte immer wieder berichtet wurden. Es hat den Anschein, daß ohne natürliche Einwirkung in Räumen bestimmte Menschen Klopfgeräusche, Poltern, Stampfen, Rascheln und andere Geräusche vernommen haben. Bewohner berichten von einem »kalten Luftzug«, der ohne Grund die Betreffenden streift. Andere glauben, von unsichtbaren Wesen berührt und gestreichelt worden zu sein. Teller und Töpfe fliegen durch die Luft, werden von unsichtbarer Hand auf den Boden geschleudert. Die Vorgänge ereignen sich bei Nacht, aber auch bei hellem Tageslicht.

Auch Bauern berichten über Spukphänomene in ihren Stallungen. Die Schwänze der Kühe sind am Morgen zusammengebunden, wenn sie den Tieren das erste Futter bringen. Pferde stehen schweißgebadet im Stall. Ihre Verfassung ist außergewöhnlich. Sie zittern, ihre Ketten sind ausgeklinkt, ihre Mähnen sind fein säuberlich geflochten. Viele Bauern sind entsetzt. Sie glauben an den unheimlichen Spuk und bezweifeln, daß Menschen ihnen einen Streich gespielt haben.

Schon im Altertum berichtet Plinius über ein Spukhaus in Athen. Viele Menschen hörten, wie unsichtbare Geister mit Ketten rasselten und schlürfende Geräusche von sich gaben.

## 1. Vier spezielle Formen des Spuks

### *1) Spukphänomene als Halluzinationen*

Geisteskranke können die verschiedensten Halluzinationen erleben, wobei alle Sinne eine Rolle spielen. Es gibt visuelle, akustische, haptische (den Tastsinn betreffende), Geruchs-

und Geschmackshalluzinationen. Es handelt sich um Sinnestäuschungen, die besonders bei Menschen auftreten, die von schizophrenen Schüben heimgesucht werden.

### *2) Personengebundener Spuk*

Häufig wird dieser Spuk bei Jugendlichen in der Pubertät angetroffen. Seelisch sind diese jungen Menschen nicht im Gleichgewicht. Viele Forscher sind der Meinung, daß es sich bei diesen Spukerscheinungen nicht um Geister Verstorbener handelt, sondern um Persönlichkeitsspaltungen bzw. um einen »hysterischen Zerfall der Persönlichkeit«, wie Professor Hans Bender, ehemaliger Leiter des Instituts für Parapsychologie in Freiburg, meint. Teilpsychen werden abgespalten, die sich im Raum verselbständigen und physikalische Wirkungen hervorrufen.

Dr. Kurt E. Koch ist der Überzeugung, daß diese Phänomene durch das Lesen des 6. und 7. Buches Mose entstanden sein können. Das 6. und 7. Buch Mose sind Zauberbücher, die magische Formeln, arabische Beschwörungen und gotteslästerliche Gebetszwänge enthalten. Die praktische Anwendung magischer Formeln habe diese Spukerscheinungen in Szene gesetzt.

### *3) Ortsgebundener Spuk*

Es gibt in Europa viele alte Häuser und Schlösser, in denen es spukt. Man spricht gern von »Wiedergängern«, von Menschen also, die früher mal gelebt haben, als Tote nicht in Ruhe schlafen konnten – und wiederkehren. Schlichte Menschen bringen diese Spukphänomene in Verbindung mit Verbrechen und Verbrechern, die in diesen Schlössern einmal ihr Unwesen getrieben haben.

Die eine Erklärung, die besonders von Parapsychologen gegeben wird, spricht von »Restenergien«, die in bestimmten Räumen zurückgeblieben sind. Von feinfühligen Menschen sollen sie wahrgenommen werden.

Dr. Koch spricht in seinem Buch »Okkultes ABC« von einem Pfarrhaus, in dem sich solche Spukerscheinungen über Generationen erhalten haben. Die Pfarrer blieben nicht lange in diesem Haus. Um ihre Nachfolger nicht zu beunruhigen, versäumten sie wohl auch, ihnen von diesen Spukerscheinungen zu berichten.

### *4) Spuk als Fernwirkung stark medialer Magier*

Medial veranlagte Menschen können, das ist die feste Überzeugung von Dr. Koch, Spukerscheinungen inszenieren, die Nachbarn tyrannisieren und um den Verstand bringen. Es können sogenannte »Geistersteine« fallen, die durch Dekken und Dächer dringen, ohne daß die Wände zerstört werden.

Dr. Dr. Friso Melzer, ein erfahrener Missionar, Theologe und Sprachforscher, schildert solche Geisterstein-Einbrüche. Die Spukphänomene verursachten einen gewaltigen Lärm, Hausbewohner würden von Steinen getroffen, faustgroße Steine kämen durch Fenster und Türen, ohne Löcher zu hinterlassen. Nirgendwo würden Spuren entdeckt.

Melzer versammelte die Hausbewohner zu Gebetsversammlungen. In dem Augenblick, wo die Gemeinschaft das gemeinsame Beten einstellte, fielen erneut Geistersteine.

Melzer berichtete, daß die Gemeinde in eine echte Buße getrieben wurde. Viele beichteten ihre Sünden, und alte Zaubergeräte wurden abgeliefert. Mit Buße und Beichte wurde der Spuk vertrieben.[18]

Geistersteine sind Spukphänomene, die nur in der Umgebung von medial veranlagten Menschen zu finden sind. Diese medialen Veranlagungen werden als dämonische Wirkungen verstanden. Nur wer sich Christus ganz ausliefert, kann diese Spukerscheinungen zum Schweigen bringen.

## 2. Elke Sommer und ihr Spukhaus

Der Spuk als eine Spielform des Spiritismus spielt in der Weltliteratur eine große Rolle. Es gibt Häuser, auf denen Schatten der Vergangenheit zu lasten scheinen. In Gängen und auf Korridoren alter, windgepeitschter Schlösser und Burgen tummeln sich die Geister, die Häuser heimsuchen.

Handelt es sich bei den Spukerscheinungen um verschwommene Nachbilder verhängnisvoller Ereignisse? Handelt es sich um die gespenstische Verkörperung einer längst vergangenen Tragödie? Oder beinhalten die Spuk-Geschichten Vorboten von Unheil? Finden die Toten keine Ruhe und hausen in den alten Gemäuern, um den Lebenden Angst einzujagen?

Als die bekannte Filmschauspielerin Elke Sommer noch in Hollywood wohnte, wurde ihr Haus im kalifornischen Beverly Hills von gespenstischen Dingen heimgesucht. Schon wenige Tage nach dem Einzug in ihr Domizil ereigneten sich beunruhigende und unheimliche Dinge.

Frau Sommer hatte eine Journalistin zu Besuch. Während die Schauspielerin den Kaffee einschenkte, bat die Journalistin, sie mit dem Mann bekannt zu machen, den sie in der Eingangshalle gesehen hatte. Elke Sommer war irritiert. Sie wußte von keinem Mann, der im Hause war. Die Journalistin beharrte, einen Mann mit dunkler Hose, einem weißen Hemd und großer »Kartoffelnase« gesehen zu haben. Ihr Mann Joe Hyams war unterwegs. Zwei Wochen später war Elkes Mutter zu Besuch. Eines Nachts erwachte sie im Erdgeschoß und sah am Fußende einen Mann stehen, der sie anstarrte. Als sie schreien wollte, war der Mann verschwunden. Spuren hinter dem Haus fand man nicht, obschon es in der Nacht stark geregnet hatte.

Fast zur gleichen Zeit hörten die Hyams jede Nacht seltsame Laute. Es waren Geräusche von Stühlen, die im Eßzimmer über den Boden geschoben wurden. Man hatte den Eindruck, Menschen stünden vom Tisch auf. Herr Hyams fand am anderen Morgen Fenster offen, die nachts verriegelt worden waren. Er legte sich daraufhin eine Abhöranlage an, kaufte sich drei Miniatursender und stellte die Empfänger auf, die mit Tondbandgeräten verbunden waren. Alle Empfänger waren so versteckt, daß Eingang, Auffahrt und Eßzimmer abgehört werden konnten. Nachts erlebten sie wieder die vertrauten Geräusche von Stühlen, die über den Boden scharrten. Elkes Mann nahm einen Revolver und tastete sich langsam hinunter ins Eßzimmer. Er schaltete das Licht ein und sah nichts. Alle Stuhlbeine standen an der gleichen von ihm mit Kreide angekreuzten Stelle.

Als er später die Tonbänder abhörte, fanden sich auf dem einen Band die schurrenden Geräusche von Stühlen, die aufhörten, als er das Licht anknipste. Kaum war er wieder in seinem Zimmer, gingen die Geräusche von neuem los.

Über ein Jahr lang tauchte der störende Mann mit weißem Hemd und schwarzer Krawatte vor den Augen vieler Gäste auf. Viele bekamen einen solchen Schreck, daß sie bald wieder abreisten. Fachleute untersuchten jeden Winkel des Hauses und fanden nichts. Auch die Hunde, die sie angeschafft hatten, zeigten merkwürdige Gewohnheiten. Sie bellten oft, wenn sie mit ihren Augen auf unsichtbare »Feinde« schielten, sobald sie aus dem Eßzimmer gelassen wurden. Eine Reihe Psi-Forscher der Universität Los Angeles untersuchten ebenfalls das Haus ohne Ergebnis.

Die Hyams fanden heraus, daß zwei frühere Eigentümer das Haus nach kurzer Zeit wieder verkauft hatten, weil es dort angeblich spukte. Schließlich bat Hyams Lotte von Strahl, ein bekanntes Medium, das Haus vom Geist zu befreien.

Das Medium bat Elke Sommer, mit ihr ein kurzes Gebet zu sprechen. Und Elke Sommer wandte sich an den unsichtbaren Geist: »Im Namen Jesu Christi befehle ich dir, dieses Haus auf der Stelle zu verlassen. Laß diese guten Menschen in Ruhe und störe ihren Frieden nicht länger.«

Aber in der darauf folgenden Nacht kamen wieder die Geräusche von Stühlen. Etwa ein Jahr später wurden Frau und Herr Hyams morgens durch laute Schläge an der Schlafzimmertür geweckt. Als der Ehemann mit der Pistole in der Hand auf den Korridor lief, hörte er aus der Tiefe des Hauses etwas wie ein triumphierendes Lachen. Beide flohen aus dem Haus und entdeckten, daß das Eßzimmer lichterloh brannte. Brandspezialisten fanden keine Ursache für das Feuer. Anschließend boten die Hyams das Haus zum Verkauf an. Sie waren die gespenstischen nächtlichen Episoden leid.

## 3. Ungeklärte Fragen

Die klassischen Spukelemente sind oft mit rückenden Möbelstücken verbunden. Die Forscher sprechen von Mimikry-Geräuschen.

- Welche paranormalen Kräfte rufen die Phänomene hervor?
- Welche unerklärliche Macht hat den Brand verursacht?
- Existieren die Erscheinungen unabhängig von Menschen?
- Handelt es sich um eine unbekannte Form der Kommunikation, für die sowohl ein Sender als auch die Gegenwart eines Empfängers notwendig ist?
- Handelt es sich, wie die Spiritisten behaupten, um eine unabhängige Wesenheit, um den körperlichen Geist eines Verstorbenen?
- Beinhaltet der Geist eines Menschen die Summe der Gedanken und geistigen Erfahrungen eines Individuums, der auf der Erde festgehalten und sich wie ein telepathischer Agent verhält, der auf geistigem Wege Botschaften sendet und Geräusche verursacht? So jedenfalls behaupten es einige Parapsychologen.
- Handelt es sich um Halluzinationen der Betroffenen, die Geistererscheinungen produzieren? Nur – wie ist es dann möglich, daß fremde Menschen, die zu Besuch sind, die Phänomene auch registrieren?

– Ist es vorstellbar, wie einige Psi-Forscher glauben, daß die geistigen Energien eines Toten lange Zeit überdauern können und ein Gebäude die geistigen Eindrücke seiner Bewohner aufnimmt und bei bestimmten Menschen paranormale Reaktionen auslösen kann?

# X. Videobilder von Verstorbenen?

Kontakte mit Geistern Verstorbener treiben immer neue Blüten. Der Luxemburger Fernsehmoderator Reiner Holbe beginnt sein Buch *»Bilder aus dem Reich der Toten«* mit folgenden Sätzen: »Da hat jemand möglicherweise die Entdekkung des Jahrhunderts gemacht – kaum einer kümmert sich darum.« Was spricht Holbe an?

Da gibt es in Aachen einen Rentner, der per Videokamera Bilder von Verstorbenen – von seiner ersten und seiner zweiten Frau, von seinen früh verstorbenen Kindern, von seiner Schwester und seinem Schwager – empfängt. Auch soll es ihm gelingen, die Geisterbilder von Romy Schneider, von Curd Jürgens, von Wolfgang Kieling und dem bayerischen Märchenkönig Ludwig II. auf die Mattscheibe zu bannen.

Der Rentner widmete sich ausschließlich seinen Kontakten mit dem Totenreich. Zunächst benutzte er Tonbänder, um die Botschaften Verstorbener aufzunehmen. Von seiner Tochter Karin erhielt er angeblich die Botschaft: »Wir sind eine elektrische Verkörperung.« Später experimentierte der Rentner mit einer Videokamera, die er auf den Bildschirm richtete.

Reiner Holbe beschreibt in seinem Buch mit allen Einzelheiten die komplizierten technischen Schaltungen, wie der Rentner Botschaften von seiner Tochter Karin aus dem Jenseits empfängt:

Curd Jürgens erschien in seiner Lieblingsrolle als »Teufels General« und erklärte dazu auf Tonband: »Ich bin des Teufels General.« Gleichzeitig beklagte er sich: »Ziemlich trokken ist es hier.«

Reiner Holbe gibt selbst eine Erklärung für diese Erscheinungen und schreibt: »Möglicherweise sind die Bilder im Unterbewußtsein des Mannes (des Rentners) entstanden, und er hat sie wie die Stimme, ohne es zu wissen, aus seiner Erinnerung auf das Material projiziert. Aber was da auch immer geschah – es ist ein Ereignis.«[19]

## 1. Widersprüchliche Kommentare

Zwei Fachleute äußerten sich widersprüchlich zu den Videobildern Verstorbener. Der Computerspezialist Martin Wenzel, ein Dipl.-Ingenieur, schreibt:

»Nach über einem Jahr Beobachtung der Vorgänge im Hause Klaus Schreibers steht für mich fest: Die Stimmen und Bilder sind tatsächlich Manifestationen jenseitiger Wesenheiten. Eine Projektion aus der Psyche Schreibers auf die Bänder ist auszuschließen, da häufig Vokabeln gebraucht werden, die nicht zu seinem Wortschatz gehören. Bei den Bildern tritt das gleiche Phänomen auf: Es erscheinen Personen, die ihm unbekannt sind, und z.T. erst später identifiziert werden konnten ... Klaus Schreibers Bereitschaft, seine Offenheit und nicht zuletzt seine Medialität sind und bleiben ausschlaggebend für den Kontakt nach drüben.«

Der Physiker und Autor Prof. Dr. Heinz Haber, der vielen aus dem Fernsehen ein Begriff wurde, ist äußerst kritisch und urteilt: »Es ist immer wieder erstaunlich, mit welchem Unsinn Leute für Aufsehen sorgen. Zugegeben, die Seele und das Gehirn des Menschen sind noch lange nicht gut genug erforscht, um sagen zu können: Exakt hier oder da liegen die Grenzen. Aber daß Tote sich bei uns per Video manifestieren, das ist bestimmt grenzenloser Blödsinn.«

## 2. Instrumentelle Trans-Kommunikation

Können Sie mit dem Wortungeheuer etwas anfangen? Es handelt sich um Stimmen aus dem Jenseits, die über technische Einrichtungen empfangen werden.

Die Schweizerische Vereinigung für Parapsychologie (SVPP) hat im April dieses Jahres Preise an drei Personen verliehen, die sich mit »instrumenteller Trans-Kommunikation« beschäftigen.

Ein Luxemburger Ehepaar, Maggy und Jules Harsch-Fischbach, beschäftigen sich seit Jahren mit Stimmen aus dem Jenseits. Über ein Tonband teilten ihnen die Geister mit, welche Geräte sie benutzen sollten, um auf elektronischem Wege Botschaften von Geistern aus dem Jenseits zu erhalten. Ein Mitarbeiter der SVPP schrieb: »Die Qualität der Stimmen aus den Lautsprechern, der Fernsehbilder aus dem Jenseits und der Telefonanrufe Jenseitiger haben sich wesentlich verbessert.«

Am gleichen Tag wurde auch der Physiker Ernst Senkowski geehrt. Er studierte die Phänomene der technischen Geisterstimmen, überprüfte die verwendeten Geräte und demonstrierte in RTL plus zusammen mit einem Spiritisten Spuk-Erscheinungen am Computerschirm.

Die SVPP schreibt dazu: »Es wird angenommen, daß dieser technisch-gestützte Informationsaustausch zwischen Diesseitigen und Jenseitigen in den kommenden Jahren gewaltig zunehmen und somit vielen Menschen den Zugang zu Kontakten verschaffen wird.«

Die Kontaktaufnahme mit jenseitigen Geistern über Tonträger, Radio-, Fernseh- oder Computer-Geräte hat enorm zugenommen.

Wie sind diese Experimente zu beurteilen?

- Nicht selten entpuppen sich die Darbietungen und elektronischen Geisterstimmen im nachhinein als Betrug und Täuschungsmanöver.
- Auf der anderen Seite werden sie in der Bibel ausdrücklich untersagt: »Wendet euch nicht an Wahrsager und an Leute, die die Geister der Toten befragen. Wer das tut, macht sich unrein« (3. Mose 19,31). Einige Verse weiter kennzeichnet das 3. Buch Mose diese Praktiken als *Götzendienst.*
- Über dämonische Kanäle versucht der Mensch, Wissen zu erwerben und Antworten auf Fragen zu bekommen, die Gott die Ehre nehmen: Paulus macht deutlich, daß wir nur einen Weg haben, mit der Welt Gottes zu kommunizieren: »Denn es ist *ein* Gott und *ein* Mittler zwischen Gott und den Menschen, der Mensch Jesus Christus, der sich selbst als Lösegeld für alle dahingegeben hat« (1. Tim. 2,5).

# XI. Fotos aus dem Jenseits?

Der Spiritismus präsentiert sich in vielen Erscheinungsformen. Die sogenannte »ektoplasmische Fotografie« ist eine davon. Worum geht es?

Ein ehemaliger italienischer Direktor einer Filmproduktionsfirma, Ulderico Sciaretta, lädt in einem Haus in Rom medial veranlagte Personen zu einer spiritistischen Séance ein. Vor Jahren hat er hier eine Schule für Medien ins Leben gerufen. Männer und Frauen mit paranormalen oder medialen Fähigkeiten werden hier gefördert und sollen in ihren Anlagen weiterentwickelt werden. Die Wände der Wohnung von Sciaretta sind mit Fotografien übersät, bizarre Bilddokumente, die sogenannte »Psychographien« wiedergeben.

Rund um einen Holztisch versammeln sich etwa sieben Sitzungsteilnehmer. Die Sitzung wird eröffnet. Jeder der medial veranlagten Personen bindet sich eine schwarze Binde vor die Stirn, hinter der eine Filmfolie befestigt werden soll. Bei absoluter Dunkelheit hat jeder Teilnehmer diese Folie erhalten, die zehn Minuten später wieder eingesammelt wird. Die Folien können nicht vertauscht werden, da jede Folie mit einem bestimmten Zeichen versehen wurde. Oft sind bei anschließender Belichtung keine Spuren auf den Filmfolien zu erkennen, hin und wieder zeigen Filme, daß sie belichtet sind. Die Ergebnisse auf den Filmfolien sind angeblich unterzeichnet von den Schutzgeistern Sciarettas, *Alia und Poinod.*

## Einige Anmerkungen

*Anmerkung 1:*
Spiritisten nennen diesen Vorgang »Psychographie«, Fotografie aus dem Jenseits, ektoplasmische Fotografie, Gedankenfotografie und auch Foto-Séancen.

»Astrale Lichtwesen aus unbekannten Dimensionen belichten mein Filmmaterial«, behauptet Ulderico Sciaretta.

*Anmerkung 2:*
Angeblich sollen diese Gedankenfotografien unter schärfsten Kontrollen zustande gekommen sein. Doch immer wieder sind in der Presse Betrugsmanöver solcher spiritistischen Praktiken veröffentlicht worden.

Schon vor Jahrzehnten behaupteten französische Wissenschaftler, menschlicher Geist sei in der Lage, Strahlungen auszusenden, die genügend Energie besäßen, um mit ihnen fotografisches Material belichten zu können.

*Anmerkung 3:*
Spiritisten glauben, daß sie mit Geistern Verstorbener in Verbindung treten können, die ihnen auf fotografischem Wege Antworten auf gestellte Fragen übermitteln.

Die Parapsychologie glaubt, daß die Ausstrahlung des Mediums so stark ist, daß das innere Bild auf psychokinetischem Wege vermittelt wird. Die micro-physikalisch-chemischen Veränderungen seien bisher nicht erklärbar. Es sei denn, alles entpuppte sich wie häufig als groß angelegter Schwindel.[20]

# XII. Liszt, Bach und Beethoven komponieren immer noch

Daß die verstorbenen großen Musiker im Jenseits nicht tatenlos herumsitzen, das wissen kundige Spiritisten, die mit ihnen über Medien Kontakt gesucht haben. Mozart, Bach, Beethoven, Franz Liszt und Chopin sind äußerst aktiv. Beethoven arbeitet unvermindert an der Symphonie Nr. 10 und 11, jedenfalls behauptet das ein englisches Musik-Medium, Rosemary Brown. Mit über 400 Werken haben ihr die großen alten Meister klassische Musik als »Totengeister« übermittelt.

Mrs. Brown, eine Witwe in hohem Alter, ist eine der berühmtesten Geister-Seher im ehrwürdigen England mit seinen unzähligen spiritistischen Kirchen und Zirkeln. Angeblich drängen sich immer wieder musikbegeisterte Menschen aus aller Welt zu ihr, um den transzendentalen Klängen der alten Musiker zu lauschen, die ihr die Noten aus himmlischen Sphären in die Feder diktieren.

Die Firma Philips hat eine Rosemary-Brown-Platte herausgebracht, die 17 kleine Stücke enthält, die ihr Franz Liszt, Chopin und andere berühmte Tote »diktiert« haben.

Kurz nach der Einschulung begann Rosemary Brown schon mit dem Klavierspielen. Sie war etwa sieben Jahre alt. In der frühen Kindheit erschien ihr der alte Liszt – »alt, weißhaarig, im schwarzen Priesterrock« – und sprach, er werde wiederkommen, wenn sie erwachsen sei, um ihr dann seine »Musik einzugeben«.

Wenn man Rosemary Brown Glauben schenken darf, kam Liszt wieder, als ihr Mann gestorben war und sie als Hausgehilfin ihr Leben fristen mußte. Der Unterschied aber: Liszt hatte sich inzwischen zu einem ansehnlichen jungen Mann gemausert. Er war wesentlich jünger geworden, reagierte witzig, trug modische Krawatten und wurde ihr »Führer und Begleiter im Geister-Reich«.

Liszt besuchte sie als Totengeist zu allen Tageszeiten

und erzählte ihr vieles aus dem Leben im schönen Jenseits. Drüben gebe es ein geselliges Leben, jeder Mensch stünde in der Blüte seines Lebens. Jeder Geist könne sich Tiere halten. Es gebe Konzertsäle, Erholungsparks, die schönsten Bäume, Blüten und immer frische und klare Luft.

Einmal habe ihr Liszt für eine Sendung im britischen Rundfunk ein sehr schönes Stück diktiert, und zwar in dis-Moll, im Dreivierteltakt für die rechte und im Dreizweiteltakt für die linke Hand. Frau Brown habe es kaum verstehen und aufnehmen können, Liszt hätte es ihr »zehnmal buchstabieren« müssen. Dem schweren und komplizierten Stück habe Liszt den Titel »Grübelei« gegeben.

Handelt es sich nun wirklich um Geistererscheinungen von berühmten Toten, oder sind es Stimmen und Halluzinationen von Menschen, die einer mediumistischen Psychose zum Opfer gefallen sind?

Der Psychotiker hat eine blühende Phantasie, eine einfallsreiche Einbildung und hält Stimmen und Wahrnehmungen für wahr. Der Lebensweg und die Verhaltensmuster von Frau Brown kennzeichnen sie zwar als spiritistisches Medium, sie zeigt aber unverkennbar Züge der Schizophrenie. Es ist typisch für einen Psychotiker, daß er sich mit berühmten Namen schmückt, Botschaften von ihnen erhält und sich mit ihnen identifiziert.

Die Kompositionen, die über Medien von sogenannten Geistern verstorbener großer Musiker zu uns gekommen sind, beinhalten durch die Bank klägliche Machwerke von Stümpern, die mit Hilfe von berühmten Namen ihre Musikstücke aufwerten wollen. Bis heute sind keine großen Musikleistungen bekannt, die über angebliche Totengeister den Menschen in die Feder diktiert wurden.

# XIII. Die Beziehung zwischen Okkultismus und Jugendreligion

## 11 Thesen

*These 1:*
Okkultismus und Jugendreligion sind nicht zwei völlig unterschiedliche Welten: Das Religiöse verbindet sie. Unter dem Sammelbegriff New Age sind beide Bereiche miteinander verzahnt.

*These 2:*
Jugendreligionen bilden Gemeinschaften, die Allmachtsansprüche anmelden. Sie verfügen angeblich über ein rettendes Rezept für eine Welt, die dem Untergang geweiht ist.

*These 3:*
Die verschiedenen Religionen unterstehen einem Heiligen Meister, einem Guru oder einem Gott, der absolute Autorität beansprucht. Von ihm abhängig sind Schüler, Priester oder Bevollmächtigte, die für die Reinhaltung der Lehre Sorge tragen.

*These 4:*
Die Einmaligkeit dieser Sektenführer wird in den Namen deutlich, die sie führen: »Bhagwan« (Gott), Rajneeshi San Myung Mun, der Herr der Wiederkunft; »Seine Heiligkeit« Maharishi Yogi; der »Herr des Universums« Guru Maharaj Ji; David Berg mit dem zugelegten Namen »Gottes König und Prophet Mose David«.

*These 5:*
Ursache für die Flucht in Sekten und Religionsgemein-

schaften ist die wachsende Unverbindlichkeit der christlichen Verkündigung in den Großkirchen.

*These 6:*
Der religiöse Spiritismus, der in Logen, Kultgemeinden und Gottesdienst-ähnlichen Versammlungen weltweit auftritt, vertieft die Verzahnung von Okkultismus und Religion.

*These 7:*
Die Jugendreligionen glauben und beanspruchen, daß mit ihrem Erscheinen ein wesentlicher weltgeschichtlicher Einschnitt geschieht. Sie bringen einen neuen Menschen und ein neues Zeitalter. Die Begriffe »Neue Ära«, »Neues Zeitalter«, »Neue Nation« und »Neue Welt« soll eine weltumspannende Revolution versinnbildlichen. Damit entsprechen sie den Interessen junger Menschen an Eigenverantwortung und Neugestaltung.

*These 8:*
Die in den Jugendreligionen betriebenen okkulten Praktiken wie die der »Scientology-Kirche« vermitteln übersinnliche Kräfte, die den Menschen befähigen, große Gegenstände telekinetisch fortzubewegen. Der Schüler soll in der Lage sein, seinen Körper zu verlassen und mit seiner Seele größere Entfernungen zu überwinden; die »Transzendentale Meditation« verspricht in teuren Sidhi-Kursen paranormale Fähigkeiten (durch die Wand gehen, sich unsichtbar machen und eine vollkommene Gesundheit erreichen).

*These 9:*
Spiritistische Phänomene kommen in der »Vereinigungs-Kirche« des Koreaners Sun Myung Mun, der sogenannten Mun-Sekte, vor: Seinen missionarischen Auftrag leitet Mun von Geistern ab. Nach dem Tode eines seiner Söhne

wurden spiritistische Sitzungen anberaumt. Der tote Geist des Sohnes erschien.

*These 10:*
Die sogenannte Prophetin Gabriele Witteck, Gründerin des »Heimholungswerks«, ein ehemaliges spiritistisches Medium, behauptet, daß ihre Anhänger mit Geistern anderer Welten, die sich telepathisch manifestieren, verkehren können.

*These 11:*
Neben dem Defizit an Wärme und Transzendenz der Kirchen verlockt Neugier, der Reiz des Außergewöhnlichen, Sinnlosigkeitsgefühle, Langeweile und Allmachtswünsche die jungen Menschen, sich mit Jugendreligionen und Okkultuismus (Spiritismus) einzulassen.

# XIV. Anja hört Geisterstimmen

Eines Tages kommt ein junges Mädchen in die Seelsorge. Es hat sich telefonisch angemeldet. Anja ist 17 Jahre alt, sehr schüchtern und nervös. Sie hat wasserblaue Augen und an den Schläfen eine weiße, fast durchscheinende Haut. Die blauen Adern sind auf der dünnen Haut sehr gut zu erkennen. Sie schaut mich mit weitaufgerissenen Augen an und prüft, ob sie mir vertrauen kann. Weil ich alle seelsorgerlichen Gespräche sehr ernst nehme, schreibe ich mit und versuche, dem Ratsuchenden das Gefühl zu vermitteln, seinem Anliegen gerecht zu werden.

Anja bestätigt, daß sie ängstlich und mißtrauisch sei. Ihre Eltern seien Christen einer Freikirche. Sie selber habe ein gebrochenes Verhältnis zur Freikirche, zum Glauben und zu Christus. Die Hauptangst bestünde darin, von bösen Geistern gepeinigt zu werden. Besonders wenn sie allein in ihrem Zimmer säße, höre sie Stimmen in sich, Stimmen, die nicht zu ihr gehörten. Mit aller Macht wehre sie sich gegen die Stimmen. Sie schalte ihr Radio ein, höre Musik oder stürze sich auf englische oder lateinische Vokabeln, um von den Stimmen, die sie beunruhigten, abzulenken. Sie hätte auch schon mal gebetet, weil ihre Eltern das ja täglich praktizierten. Aber die Stimmen wären geblieben. Die Gebete hätten ihr keine Hilfe gebracht.

Die Botschaften der Stimmen in ihr seien grundverschieden. Mal bezögen sie sich auf das familiäre Zusammenleben, mal auf sexuelle Spielereien mit sich selbst, mal höre sie moralische Verurteilungen. Einige Male habe sie auch erlebt, daß sich die Stimmen mit Namen gemeldet hätten. Während ihres Berichts schaut sie mich ständig mit weitgeöffneten ängstlichen Augen an und prüft meine Reaktionen.

Ich höre intensiv zu und ermutige sie, doch einmal die verschiedenen Botschaften zu formulieren.

»Bilde dir nicht ein, deine Mutter ist eine Heilige. Vor

drei Jahren ist sie fremdgegangen, genau um diese Zeit. Dein Vater weiß es genau. Heimlich hat sie sich mit einem Mann getroffen, und sie haben sexuell verkehrt.«

Sie stockt und schaut einen Augenblick zu Boden. Ihre Lippen bewegen sich. Lautlos formuliert sie Gedanken, die sie aber nicht ausspricht.

»Ich schäme mich wahnsinnig, die vielen Einzelheiten zu erzählen, die die Stimme mir gesagt hat. Gleichzeitig bin ich neugierig und höre jedesmal in mich hinein, was die Stimme so sagt. Glauben Sie«, fragt sie mich, »daß das sein kann, daß meine Mutter wirklich sexuell Scheußliches getan hat?«

»Was glauben Sie selbst?« frage ich sie, »Sie waren damals 14 Jahre alt. Haben Sie den Eindruck, es könnte geschehen sein?«

Sie nickt und spricht versunken vor sich hin:

»Vor drei Jahren waren meine Mutter und mein Vater verzankt. Meine Mutter ist sehr jung und sehr hübsch. Sie war erst 34 Jahre alt, und viele Männer schauten ihr nach. Hinter der Schlafzimmertür hörte ich oft, wie der Vater sie anschrie, mit anderen Männern Beziehungen zu haben.«

»Wie hat das auf Sie gewirkt?«

»Ich war seelisch und moralisch fertig. In der Schule wurde ich zusehends schlechter. Tagelang wagte ich mich nicht mehr nach draußen. Oft glaubte ich, die anderen Kinder lachen über mich, weil sie das mit meiner Mutter wüßten.«

»Können Sie sich vorstellen, daß diese seelische Krise Ihre Persönlichkeit so belastet hat, daß Sie Stimmen hören, weil Ihre Phantasie sich ständig mit außerehelichen Kontakten Ihrer Mutter beschäftigt hat?«

Das junge Mädchen schwieg eine ganze Weile. »Aber die Einzelheiten, die schrecklichen Einzelheiten! Die Geister haben mir alles mitgeteilt, was meine Mutter getan hat. Die Scheußlichkeiten kann ich mir doch nicht ausdenken!«

»Aber Sie sprechen die Möglichkeit selbst an, daß die von Ihnen genannten ›Scheußlichkeiten‹ auch im Unbewußten produziert sein können.«

»Es müssen Geister sein, die mich quälen und die das Verhältnis zwischen Mutter und mir zerstören wollen. Außerdem kommen die Schweinereien nicht aus mir. Woher soll ich das alles wissen! Ich habe doch überhaupt keine sexuellen Erfahrungen.«

»Und Ihre sexuelle Phantasie? Ihre Vorstellungskraft, die den sexuellen Bereich betrifft, gibt es da keine Gedankenspiele und Bilder, die Sie beschäftigen?«

Anja wird rot und schlägt die Hände vors Gesicht und wippt mit dem Kopf auf und nieder. Plötzlich reißt sie ihren Kopf hoch. »Glauben Sie nicht an Dämonen und unsaubere Geister?«

»Doch, der Teufel und sein unsichtbares Heer sind Realität. Unsichtbare Mächte und Kräfte sind keine Phantasie. Und ich bin auch davon überzeugt, daß der Satan alle Wege ausnutzt, uns zur Sünde und zur Abkehr von Gott zu verführen.«

»Ich bin doch nicht krank! Ich kann doch die Geisterstimmen von meiner eigenen Phantasie unterscheiden! Eine der Stimmen hat sich mit Namen vorgestellt: Ich heiße Castor und werde dich nicht in Ruhe lassen. Du wirst alles tun, was ich sage!«

Anja versteckt wieder das Gesicht in ihren Händen, sie spricht in die vorgehaltenen Hände. »Ich werde es auf keinen Fall erzählen, was Castor alles von mir gefordert hat. Und das Schlimmste, ich habe es getan. Wer befreit mich von diesen Stimmen?« Die junge Frau ist puterrot im Gesicht, die Stirn ist feucht, und sie schluchzt in sich hinein.

»Wollen Sie ehrlich und wirklich frei werden? Wollen Sie Ihr Leben dem Herrn aller Herrn in die Hand geben, der Sieger ist über alle Mächte im Himmel und auf der Erde? Wollen Sie Jesus Christus als Ihren Herrn annehmen?«

Sie sagt klar und deutlich: »Ich will!«

Ich lege ihr die Hände auf und spreche sie im Namen des

Vaters, des Sohnes und des Heiligen Geistes frei von allen Bindungen, von allen Mächten, von allen unguten Geistern. Ich gebiete speziell der Stimme mit Namen Castor, zu schweigen und die junge Frau in Ruhe zu lassen.

Das Mädchen zeigt ein völlig verändertes Gesicht, die panikartige Angst ist aus dem Gesicht verschwunden. Ihre Schultern sind nicht mehr krampfhaft hochgezogen, sie hängen entspannt herunter. Ihre Hände liegen ruhig im Schoß. Sie lehnt sich zurück und sagt:

»Ich habe Ihnen gar nicht erzählt, wo alles begann. Als die Sache mit meiner Mutter mich fast um den Verstand brachte, bin ich mit zwei Klassenkameradinnen zu einer Clique gegangen, wo am frühen Abend Tischrücken praktiziert wurde. Ich war ahnungslos. Wir saßen um den Tisch, hatten die Hände auf die Tischplatte gelegt und berührten uns an den Händen. Der kleine Tisch hatte drei Beine. An einem war ein Kugelschreiber befestigt, der stand auf einem weißen Blatt Papier. Jeder der Teilnehmerinnen durfte an dem Abend eine Frage an den Geist stellen, der über den Tisch, der sich bewegte, die Antworten gab. Auf dem Blatt Papier waren tatsächlich Buchstaben zu erkennen. Ich fragte den Geist, ob es wahr sei, daß meine Mutter ein Verhältnis mit anderen Männern hätte. Ich war zum Bersten gespannt. Mein Herz schlug wild, als der Tisch sich unter unseren Händen bewegte. Als der Tisch sich beruhigt hatte, holte meine Mitschülerin den Zettel vom Boden. Die Schrift war ausgesprochen unleserlich. Aber alle behaupteten, aus den Schriftzügen ein eindeutiges ›Ja‹ erkannt zu haben.«

Anja berichtete weiter, daß sie tagelang durcheinander war, fast eine Woche krank feierte und nicht zur Schule konnte. Nachts saß sie wach und grübelte über den Ehebruch der Mutter nach. In den folgenden Wochen verlor sie etliche Pfunde, konnte kaum noch essen, fragte sich, ob sie überhaupt noch mit der Mutter zusammen leben könne. Schon kurz nach der spiritistischen Sitzung mit den Freundinnen habe das Stimmenhören begonnen. Sie sei fest davon überzeugt, daß es Geisterstimmen seien, die sich in ihr zu Wort meldeten.

Nach dem Gespräch geht Anja gelöst und weniger ängstlich nach Hause. In der Tür fragt sie noch einmal, ob die Geister sich dann noch einmal melden könnten.

Ich sage ihr, das könnte sehr gut sein, aber sie habe allen fremden Mächten und Stimmen abgeschworen. Sie werde auf keinen Fall mehr mit jenseitigen Kräften in Verbindung treten. Jesus habe sie ihr Leben übergeben. Der hätte alle Feinde und Mächte entmachtet. Auch wenn sich die Stimmen melden sollten, sie gehöre IHM. Die Herrschaft dieser fragwürdigen Stimmen sei gebrochen. Das sei für mich keine Frage.

Wir hatten vor Ende des Gespräches noch weitere Gesprächstermine verabredet, um vor allem den gewaltigen Konflikt zwischen Mutter und Tochter zu lösen. Die Aussöhnung mit der Mutter hatte ich mit dem Absagegebet nicht in Verbindung gebracht.

Einige Tage später rief mich Anja an. Sie berichtete, daß sie in der zweiten Nacht nach unserem Gespräch noch einmal nachts von Stimmen gequält worden sei. Sie müsse allerdings gestehen, daß sie im Laufe des Tages eine heftige Auseinandersetzung mit der Mutter gehabt habe. Wahnsinnig aufgeregt und zitternd habe sie sich schlafen gelegt. Als die Stimmen sie attackieren wollten, habe sie laut gebetet und Gott um viele Engel gebeten, die sie beschützen sollten. Sie habe sich danach so beschützt gefühlt, daß die Stimmen zunehmend leiser und unverständlich geworden seien. Bis jetzt sei sie nicht wieder belästigt worden.

Als sie zum nächsten Gespräch 10 Tage später erschien, war sie wieder sehr aufgeregt, ihre Augen blickten verstört, und sie sagte, daß sie sehr glücklich sei, mit mir sprechen zu können. Tags zuvor habe sie eine häßliche Auseinandersetzung mit der Mutter gehabt. Bei der Gelegenheit hatte Anja die Beherrschung verloren und der Mutter ins Gesicht gesagt, daß sie eine Ehebrecherin sei.

Die Mutter habe kein Wort gesagt, die Tränen seien ihr

gekommen und sie habe sich wortlos in einen Sessel fallen lassen. Mit leiser Stimme habe die Mutter sie gefragt, woher sie das wisse. Und dann habe Anja – um der Wahrheit willen – alles gebeichtet. Sie wisse es von Geisterstimmen, die es ihr Nacht für Nacht ins Herz geschrien hätten. Und sie habe an einer spiritistischen Sitzung teilgenommen, wo ein anwesender Geist es ihr sogar schriftlich gegeben habe.

Anja berichtet, ihre Mutter habe ihren Kopf in beide Hände fallen lassen und hemmungslos geweint. Nach einiger Zeit habe sie gesagt: »Es stimmt, deine Mutter ist fremdgegangen. Du hast recht. Ich war mit Vater todunglücklich. Ich fühlte mich einsam und verlassen und habe Liebe und Verständnis gesucht.«

Die Mutter habe mit dem Kopf geschüttelt, ihre Stimme sei fester geworden: »Ich spüre, daß ich mich herausreden will. Auch wenn es viele Entschuldigungen gibt, meine Schuld ist unbestritten. Dafür schäme ich mich.«

Anja berichtete, daß die Mutter aufgestanden sei, ihre Tochter in den Arm genommen und sie innig um Vergebung gebeten habe. Anschließend seien beide auf die Geisterstimmen zu sprechen gekommen. Anja habe in Einzelheiten berichtet, was die Stimmen ihr eingeflüstert hätten.

Abends rief ich die Mutter an. Sie war entsetzt und machte sich große Sorgen wegen der Geisterstimmen und der spiritistischen Séance. Wir vereinbarten einen Gesprächstermin.

Dann schilderte mir die Mutter ausführlich die Zeit, wo sie mit einem anderen Mann Kontakt hatte. In der Woche kamen oft Anrufe von ihm. Die Tochter habe hinter der Tür alles mitangehört. Einige Male habe er sie besucht, und einmal habe die Tochter sie beobachtet, als der fremde Mann ihr einen Kuß gegeben und sie unterm Kleid berührt habe. Anja müsse das alles sehr schockiert haben.

Damals war sie mit Anja beim Nervenarzt. Nach einem kurzen Interview habe der Psychiater eine Pubertätskrise diagnostiziert. Er habe ihr Meleretten verschrieben und Tranxilium. Die Tochter sei ständig in Angst gewesen, die

Leistungen in der Schule hätten erheblich nachgelassen und nachts habe sie große Schlafstörungen gehabt.

Jetzt wird das Stimmenhören verständlich. Anja hatte sich so mit dem Ehebruch der Mutter beschäftigt, daß sie Tag und Nacht mit Phantasien und Gedanken beschäftigt war. Die Phantasien verstärkten sich und wurden zu Stimmen, die sie nicht mehr abstellen konnte. Ihr labiles Nervensystem war angeschlagen.

Ich habe Anja noch in zwei Gesprächen erlebt. Sie hatte sich mit der Mutter ausgesöhnt. Die Ehe der Eltern war wieder in Ordnung, und die Stimmen hörten völlig auf. Die »bösen Geister«, von denen Anja überzeugt war, verschwanden spurlos.

## XV. Die Rache in Drei-Teufels-Namen

Eine entsetzte Mutter bringt das Tagebuch ihrer 16jährigen Tochter mit in die Beratung. In einer Schublade im Zimmer des Mädchens hat sie die schrecklichen Aufzeichnungen gefunden. Die Eltern haben den Kontakt zum Kind verloren. Besonders der Vater, der noch vor einem Jahr einen guten Draht zur einzigen Tochter hatte, wird abgelehnt und völlig ignoriert. Das Mädchen hat sich in Kleidung und Aussehen verändert, trägt plötzlich schwarze Jeans und gefärbte Haare. Oft wird das Gesicht kalkweiß geschminkt. Alle Farben und Attribute sind extreme Gegensätze zur Welt der biederen Erwachsenen. Hinzu kommt ein überspielendes Imponiergehabe. An der Wand ist ein schlichtes Holzkreuz auf den Kopf gestellt. Auch die Ohrringe zeigen umgekehrte Metallkreuze. Die Leistungen in der Schule sind rapide zurückgegangen. Schule, Lehre und Unterricht sind »himmlische Scheiße«, wie die Tochter mehrmals am Tag verlauten läßt. Im Tagebuch heißt es:

»... Jetzt kommt der Augenblick, wo ich mich an der verdammten Schule und den Lehrern rächen werde. Der christliche Glaube ist Schwindel. Luzifer wird mir Kraft geben, B. und F. zu schädigen. Sie sollen langsam aber sicher krepieren. Nur nicht so schnell, ich will ihr Leid genießen. Die Jenseitigen haben es mir versprochen. Das ist tatsächlich ein teuflischer Spaß. Wie doof sind E. und L., die zum stinklangweiligen EC laufen.

In Drei-Teufels-Namen, die Rache lohnt sich.«

Die Eltern wußten sofort, um welchen Lehrer es sich handelte. B. war ein seriöser, aber sehr fordernder Mathematiklehrer. Von einigen Schülern wurde er als »Schinderhannes« bezeichnet. Der andere war der Lateinlehrer, bei dem die Tochter völlig unten durch war.

Die Tochter lachte höhnisch, als die Eltern ihr Kind zur Rede stellten. Sie wolle kein stinknormales Leben führen, sie wolle Action, Aufregung und Nervenkitzel. Geisterbeschwörung und schwarze Messen seien ein gefundenes Fressen für junge Leute. Gott halte seine Frommen für dumm, gebe auf Gebete keine Antwort. Das sei bei Sitzungen mit den Geistern anders. Konkrete Antworten würden hörbar auf konkrete Fragen gegeben. Auf den Teufel sei Verlaß.

In zwei Gesprächen, eins mit der Mutter allein, eins mit beiden Eltern, präsentierten sich mir verzweifelte und hilflose Eltern, die immer wieder den Kopf schüttelten und den Widersinn ihrer Tochter nicht einordnen konnten. Ihre Überlegung, die Polizei einzuschalten, ließen sie fallen, aus Angst, die Tochter ganz zu verlieren.

Die Eltern wissen nicht, ob die Tochter es ernst meint, oder ob sie mit Horrorbotschaften Vater und Mutter peinigen wollte.

Zur Beratung will die Tochter auf keinen Fall kommen. Sie hat sich von allen Zwängen und Vorurteilen befreit. Moral, Ordnung und Gebote beinhalten christliche Knechtschaft. Sexuelle Freiheit, die Umkehrung aller Werte bedeuten Sinnengenuß und das Ausleben der verrücktesten Gedanken.

Ich habe von den Eltern und der Tochter nichts mehr gehört.

# XVI. Geisterbeschwörung in Afrika

Fritz Pawelzik, Bruderschaftssekretär des CVJM in Westdeutschland und ehemaliger Bruderschaftssekretär in Ghana, beschreibt in einer Zeitschrift die Begegnung mit bösen Geistern.

»Am späten Nachmittag, wenn die Schulen rund um Takoradi endeten, kamen die Jungen und Mädchen zu uns in die CVJM-Baracke. Dort paukten sie und pinnten ihre Hausaufgaben. Zu Hause, in den Lehmhütten, gab es keinen Platz, kein Licht und keine Ruhe.

Einer dieser Schüler hieß Sam. Er kam oft zu uns nach Hause, war Mitarbeiter im CVJM und wurde zu einem Glied unserer Familie. Eines Nachmittags kam er zu uns gerannt, aufgeregt und wie von Hunden gehetzt. Er rief mir zu, als er um die Ecke bog: ›Sie verfolgen mich, sie wollen mich töten.‹ Ich nahm schon meinen Knüppel und wollte den Häschern entgegeneilen, da sagte Sam: ›Das ist anders, die sind nicht hier, sondern weit weg; aber die wollen mich töten, ich spüre es.‹

Ich begriff ihn nicht, aber ich sah, daß der sonst so kluge und selbstsichere Junge sich in ein gehetztes Tier verwandelte. ›Es sind die bösen Geister, die sie auf mich hetzen‹, sagte er, der im nächsten Jahr wohl sein Abitur mit ›eins‹ machen würde. Ich packte ihn in meinen VW und fuhr ihn zu unserem Pastor.

Der fragte nicht lange, der wußte sofort Bescheid. Zog sich den Talar über, packte Bibeln und Gesangbücher in den Wagen, und dann sammelten wir Kirchenvorsteher, Marktfrauen und sonstige Mitarbeiter unterwegs ein. Alle wußten sofort Bescheid, als sie Sams Gesicht sahen, und fingen an, laut zu singen und zu beten. So ernst hatte ich meine Gemeinde sonst nie gesehen.

Erst fuhren wir zu Sams Mutter, die am anderen Ende der Doppelstadt wohnte und genauso von der Furcht geplagt war wie ihr Sohn, obwohl sich beide nicht verständigt hatten. Auch sie war ganz sicher: ›Die wollen meinen Sohn töten. Einer aus der Nachbarschaft muß sie bezahlt haben, weil er neidisch auf den Sohn und seine Leistung ist.‹ Die Mutter stieg zu uns in den Wagen und konnte uns, durch den dichten Verkehr der Stadt hindurch, den Weg zu den Beschwörern zeigen. Ich sah genau auf dem Tacho nach: 12 km fuhren wir bis zu ihnen, in einer versteckten Hütte im dichten Busch. Rauch quoll aus dem Heudach.

Unsere Leute sangen: ›Vorwärts Christi Streiter . . .‹, und damit stürmten wir in die Hütte. Drei Männer saßen um ein offenes Feuer aus Knochen herum, kochten einen Sud aus Blut und stinkenden Giften und murmelten dazu Beschwörungen, aus denen Sams Name klang.

Unsere Leute rissen die Zauberpriester hoch, traten das Feuer aus, zertrümmerten die Hütte. Die Zauberer flohen. Ich sah an den Gesichtern von Mutter und Sohn, wie der Fluch von ihnen wich.

Bei der Rückfahrt fragte ich meine Freunde nach dem, was geschehen war.

Der Pastor antwortete mir: ›Davon verstehst du nichts, Fritz. Ihr lebt in Europa in einer anderen Welt. Ihr habt die Geister nicht nur getötet, sondern ihr lacht sie aus. Ihr habt keinen Sinn mehr dafür. Aber bei uns, da leben sie noch. Bei euch ist das vielleicht anders. Sie leben in einem Teil der Welt, der noch nicht fertig ist. So wie der Urwald, der Dschungel hier bei uns. Und von da aus drängen sie in unsere Welt ein. Doch wir wissen, daß unser Herr und Erlöser stärker ist. Und wenn du daran glaubst, dann kann dir hier nie was passieren.‹

Das habe ich am Anfang meiner Zeit in Afrika erlebt.«[21]

# XVII. Die Wiedergeburtslehre (Reinkarnation)

Mit dem Aufblühen des Okkultismus hat auch die Lehre von der Reinkarnation (Wiedergeburt) die Neugier der Menschen neu entfacht. Die »Wiedergeburt«, die der Okkultismus vertritt, hat nichts mit der Lehre Jesu im Neuen Testament zu tun. Jesus meint die totale Erneuerung des Menschen durch Gottes Heiligen Geist. Die Wiedergeburtslehre, von der hier die Rede ist, versteht darunter ein wiederholtes Geborenwerden in jeweils anderer Gestalt. Man spricht auch von Seelenwanderung. Die mehrmalige »Geburt« übt auch auf manche Christen einen großen Reiz aus. Die New Age-Bewegung hat viele Menschen infiziert, so daß 23% der Katholiken und 21% der Protestanten in der Tat an eine Reinkarnation glauben.

## 1. Reinkarnation – Wiederverkörperung

Im Laufe der Geschichte sind immer wieder Menschen aufgetaucht, die behaupteten, schon einmal irgendwo gelebt zu haben. Sie schildern mit faszinierender Genauigkeit Ortschaften, Häuser, Straßen, die Gestalt von Räumen, die besondere Lage von Bäumen, die besondere Lage von Brunnen, Höhlen, Teichen, Bergen und hervorstehende Merkmale in der Natur.

Dichter und Schriftsteller haben diesen Phänomenen Rechnung getragen und beschreiben detaillierte Erlebnisse und Erfahrungen ihrer früheren Existenz. So heißt es bei Charles Dickens in seinen »Pictures from Italy«:

»Als ich gegen Sonnenuntergang alleine runter ging, während die Pferde rasteten, erreichte ich einen kleinen Ort. Infolge einer jener seltsamen Auswirkungen des Geistes, die Sie alle kennen, schien er mir völlig bekannt, und ich sehe ihn jetzt noch deutlich vor mir.«

Es folgt eine genaue Beschreibung der Örtlichkeit: Ein Mensch, eine Brücke, Glockengeläut und Wasser werden mit Worten gemalt, als sähe sie der Dichter leibhaftig vor sich.

Beweise für eine mögliche Wiederverkörperung scheinen die hypnotischen Experimente eines Forschers zu sein, die bereits im vorigen Jahrhundert vorgenommen wurden. Durch Suggestionen wurde die Versuchsperson zunächst in die Kindheit zurückversetzt, wobei sie sich so verhielt, wie sie sich möglicherweise in dem Alter tatsächlich verhalten hat. Die hypnotischen Versuche wurden soweit vorgetrieben, daß man die Versuchsperson in die Zeit vor der Geburt zurückführte.

Von spontaneren Austritten des Ich berichtet Dr. Emil Mattiesen in einem seiner Bücher.[22] Er bespricht und untersucht 60 Fälle von Aufspaltungen, die ungewollt eintraten. Das ausgeschiedene Ich nennt er »odischen Fluidalkörper«. Er ist fest davon überzeugt, daß narkotische Mittel, Salben, Einatmen von Dünsten, Räucherungen oder Schockwirkungen solche Spaltungen begünstigen.

## 2. Das esoterische Weltbild

Im Hintergrund der Wiedergeburtslehre steht das esoterische Weltbild: Danach beherrscht die Gesetzmäßigkeit der Polarität das Leben und den Tod. Jeder Pol erzeugt einen Gegenpol. Und der Wechsel der beiden Pole ist der Rhythmus, das Grundmuster des Lebendigen. Das Polaritätsgesetz erfordert, daß zum Diesseits ein Jenseits, zum Leben der Tod, zur Geburt das Sterben gehören. Was aus unserer Sicht der Tod des Menschen ist, ist aus der Sicht des Jenseits die Geburt.

»Ein Sterben im Jenseits wird gleichzeitig von uns Irdischen als Geburt eines Kindes gefeiert ... Der Weg der menschlichen Seele ist ein Weg des Lernens und gehorcht diesen Gesetzen. Ein solcher Lernprozeß, dessen Ziel die

Vollkommenheit ist, ist ein langer Weg und bedarf vieler kleiner Schritte, umfaßt viele Irrtümer und auch viele Korrekturen. Die uns Menschen fast endlos erscheinende Kette der Inkarnationen allein garantiert einen letztendlichen Erfolg.

So sind die einzelnen Inkarnationen vergleichbar mit den verschiedenen Klassen eines bestimmten Schultyps. Was wir im irdischen Leben lernen, entspricht einer Schulklasse mit ihren Aufgaben, Problemen, Schwierigkeiten, Erfolgen und Mißerfolgen ... Das Schicksal sorgt mit unbestechlicher Gerechtigkeit dafür, daß jeder genau das bekommt, was er am wenigsten akzeptieren will und wogegen er den größten Widerstand setzt. Schicksal wird in seiner Ganzheit nur verständlich vor dem Hintergrund der Reinkarnation.«[23]

So beschreibt der Esoteriker Thorwald Dethlefsen die Wiedergeburtslehre. Er begründet die Reinkarnation damit, daß Gerechtigkeit nur auf diese Weise machbar sei. Der Sinn des Lebens bekomme durch die Reinkarnation ein Fundament. Denn das Schicksal eines Menschen sei das Resultat des bisherigen Lernprozesses.

Den Zusammenhang zwischen den Taten der Vergangenheit und dem aktuellen Schicksalsablauf nennt man *Karma.* Karma ist das Gesetz des Ausgleichs. Es sorgt dafür, daß der Mensch die volle Verantwortung für das Schicksal übernimmt.

»Genausowenig wie ein Mensch am Beginn eines neuen Tages seine bisherigen Taten, Gedanken und Handlungen ungeschehen machen kann, so kann auch der Mensch in einer neuen Inkarnation die Vergangenheit nicht streichen, sondern muß den bisher gesponnenen Faden weiterspinnen.«[24]

Was wir in der Kette unserer Inkarnation gelernt haben, soll sich in der Reife und im Bewußtseinsstand widerspiegeln, mit dem ein Mensch jetzt geboren wird. Die Esoteriker glauben, daß die Unterschiede in Reife, Intelligenz und in verschiedenen Fähigkeiten darauf beruhen, daß der

Mensch verschiedene Inkarnationen hinter sich hat. Jeder hat die Gabe, die Fähigkeiten und die Reife, die seiner Inkarnationsstufe entsprechen.

Darum verzichtet die Esoterik auf Mission. Jede Mission sei darum falsch, weil der Missionar den unterschiedlichsten Menschen auf unterschiedlichen Stufen der seelischen Entwicklung begegnet.

Nach Dethlefsen soll es Menschen geben, die hellsichtig die Inkarnation anderer Menschen erkennen können. Dieser Vorgang werde als Lesen in der Akasha-Chronik bezeichnet. Die Akasha-Chronik sei vergleichbar mit einer Datenbank, in der zeitunabhängig die Summe der Ereignisse in der Vergangenheit, Gegenwart und Zukunft eines Menschen gespeichert sei.

»In den ständigen Reinkarnationen sehen wir keinen Trost, sondern die Aufforderung, durch Entwicklung zur Vollkommenheit frei zu werden vom Rad der Wiedergeburt.«[25]

## 3. Shanti Devi

Die Seelenwanderungs-Lehre führt fünf Gründe ins Feld, um die Vorstellung zu begründen.

1) Viele Menschen haben weltweit Erinnerungen an frühere Existenzen.
2) Viele Menschen begegnen Personen, Gegenständen und Orten und haben das lebhafte Gefühl, alles kommt ihnen bekannt vor.
3) Viele Menschen erleben Fähigkeiten und Neigungen, die durch Vererbung nicht erklärt werden können.
4) Viele Menschen wollen Gaben und Talente ausleben, die in diesem Leben nicht zu realisieren waren.
5) Viele Menschen sind der Überzeugung, daß Reinkarnation erforderlich sei, um den Menschen Gerechtigkeit widerfahren zu lassen. Ungleichheit und Ungerechtig

keiten würden in unzähligen Wiedergeburten ausgeglichen.

Ein Fall, der in der Gegenwart großes Aufsehen erregte, war der Bericht der Inderin Shanti Devi.

Das Mädchen wurde 1926 geboren und erzählte, als es älter geworden war, früher in einer weit entfernten Stadt gelebt und einer besonderen Kaste angehört zu haben. Die Eltern beachteten die »Phantastereien« des Kindes nicht weiter, nur Shanti Devi sprach unentwegt von ihrer damaligen Verkörperung. Sie nannte den Namen eines Mannes, mit dem es im vorigen Leben verheiratet gewesen sei, konnte das Haus beschreiben und viele Einzelheiten.

Ein Großonkel der Familie ging der Sache auf den Grund und fand in der genannten Stadt tatsächlich eine Familie gleichen Namens. Als später der genannte Herr Shanti Devi im Beisein vieler Zeugen traf, erkannte sie den Mann sofort als jüngeren Vetter ihres früheren Mannes wieder. Sie schilderte überraschende Begebenheiten aus dem Leben der Familie, der Verwandtschaft, verwandtschaftliche Zusammenhänge und Besonderheiten einiger Familienmitglieder.

Der führende holländische Parapsychologe Prof. Dr. W. Tenhaeff schreibt über Wiederverkörperung, insbesondere im Hinblick auf die Inderin Shanti Devi[26]:

»Wenngleich ich die Möglichkeit nicht bestreiten kann, daß wir es hier mit einem Fall von Besessenheit im spiritistischen Sinne zu tun haben könnten, und ebensowenig die Möglichkeit ablehne, daß Shanti Devi in ihren vorigen Leben die Gattin von Pandit Kede Nath Choubey gewesen sein könnte, glaube ich dennoch, es handelt sich hier höchstwahrscheinlich um dramatisches Hellsehen in die Vergangenheit. Dies um so mehr, weil gerade in Shanti Devis Heimat der Glaube an Reinkarnation Millionen von Anhängern hat. Ich gebe aber gern zu, daß wir uns mit dieser Ansicht nicht begnügen können.«

Er leugnet es auch keineswegs, daß wir auch heute noch hinsichtlich der Wiederverkörperung vor ungelösten Problemen stehen und daß unsere derzeitigen Ansichten über Raum und Zeit einer gründlichen Revision bedürfen.

## 4. Reinkarnation und Christentum

Die christlichen Kirchen haben der Reinkarnationslehre immer heftig widersprochen. Die Lehre von der Seelenwanderung ist mit der biblischen Botschaft unvereinbar. Jeder Mensch ist ein Original und hat nicht schon etliche Verkörperungen in der jenseitigen Welt hinter sich.

Lediglich die Anthroposophen und die Christengemeinschaft, die den Lehren Rudolf Steiners verbunden sind, lehren die Reinkarnation.

Wiedergeburtsvorstellungen scheinen in der frühen Kirche verbreitet gewesen zu sein. Denn das Konzil im Jahre 533 unter Kaiser Justinian hat der Reinkarnation den Todesstoß versetzt:

»Wer eine fabulöse Präexistenz der Seele und eine monströse Restauration lehrt, der sei verflucht.«

Die Spiritualisten, die sich als eine enge Verknüpfung zum Christentum und zur Bibel verstehen, sehen in Johannes dem Täufer die Reinkarnation des Elias. Sie zitieren Matthäus 17,10–13, wo es heißt:

»Da fragten ihn die Jünger: ›Warum behaupten die Gesetzeslehrer, daß vor dem Ende erst noch Elia wiederkommen muß?‹ Jesus antwortete: ›Gewiß, Elia muß kommen und das ganze Volk Gottes wiederherstellen. Aber ich sage euch: Elia ist schon gekommen, und niemand hat ihn erkannt, sondern sie haben mit ihm gemacht, was sie wollten. So wird auch der Menschensohn durch sie zu leiden haben.‹ Da verstanden die Jünger, daß er vom Täufer Johannes sprach.«

Diese Textstelle ist in den Augen von Spiritisten nur auf dem Hintergrund der Reinkarnation verständlich.

Das Karma-Prinzip widerspricht der christlichen Verkündigung diametral. Fehler, Vergehen, böse Gedanken und Taten werden nicht vergeben, sie können nur durch verantwortliches Handeln und durch eine Gegenbewegung kompensiert werden. Die Vergebung von Schuld wird völlig ausgeklammert. Heil und Unheil der Menschen entscheiden sich jedoch in jedem einzelnen Leben und nicht in Reinkarnationen. In Jesus Christus bekommt unser Leben und das Leben der Welt ein Ende und ein *Ziel.*

Die New Age-Bewegung lehrt das Gesetz der Reinkarnation. Der Mensch wird nicht wirklich sterben, sondern immer wieder in neue Lebenszyklen hineingeboren, bis er sich schließlich zur Vollendung entwickelt hat. Er findet dann ewige Ruhe. Er kann ins Nirwana (in die ewige Ruhe) eingehen.

Wie sagte die Schlange im Garten Eden zu dem ersten Menschen: »Ihr werdet gewiß nicht sterben!« Die Reinkarnationstheorie ist ein Erfolg des Teufels.

# XVIII. War die Frau zu Endor eine Hexe?

Die spiritistische Praktik der Geisterbeschwörung im 1. Samuel-Buch wird als die überzeugendste Darstellung eines Kontaktes mit dem Geist eines Verstorbenen verstanden. Spiritisten und Spiritualisten fühlen sich bestätigt und führen diese Geschichte ohne Kritiken vor. Sie behaupten, daß sogar die Bibel den Kontakt mit Geistern in der jenseitigen Welt in Einzelheiten schildert.

»War die Frau in Endor eine Hexe?« Diese Überschrift wählte der englische Spiritualist G. Maurice Elliot, ein ehemaliger Geistlicher, ein Reverend, heute der Leiter der Londoner spiritualistischen Gemeinde. Bei ihm heißt es wörtlich:

»Die Bibel berichtet von einer gewissen anständigen und reinen Frau, deren übersinnliche Gaben so bemerkenswert waren, daß die ganze Welt mit ihrem Namen vertraut ist. – Allgemein wird sie als ›Hexe‹ bezeichnet. Jedoch die Bibel nennt sie nicht ›Hexe‹, sondern schlicht ›eine Frau‹. Aber während die Bibel sie nie als ›Hexe‹ bezeichnet, wurde sie in einer ›offiziellen‹ Verlautbarung von 1611 als ›Hexe von Endor‹ gebrandmarkt. Denn zu jener Zeit unterstellte man, daß Menschen, insbesondere Frauen, mit medialen Fähigkeiten im allgemeinen mit dem Teufel in Verbindung stünden, also mit diesem ›paktieren‹ würden. Gewiß mögen einige wenige ›echte Hexen‹ und ›Hexenmeister‹ unter diesen so ›gebrandmarkten‹ gewesen sein, da es diese zu allen Zeiten gab und gibt. Doch solche ›echten‹ Hexen stehen mit dämonischen Kräften in Verbindung und fügen anderen Wesen Schaden zu, während der Großteil der medial begabten Menschen im Altertum, im Mittelalter und auch heute aus Personen besteht, die mehr ›sehen und hören‹ als ›gewöhnliche‹ Personen. Sie sehen in die Zukunft und bringen Dinge auf mancherlei geheimnisvolle Weise in Erfahrung . . . ›Hexe‹ entspringt etymologisch (sprachwissenschaftlich) dem gleichen Stamme wie

›Heilige‹. Dieser Stamm lautet ›hag‹, ›heg‹, ›hagg‹ oder ›hegg‹. So lautet die ursprüngliche Schreibweise auch ›Heg-se‹, während für die ›Heiligen‹ diese Ursilbe noch Verwendung findet in den Worten ›Hagiologie‹ (Lehre von den Heiligen) und ›Hagiographie‹ (Lebensbeschreibung der Heiligen).«[27]

In dieser Auslegung bekommt die Geschichte von Saul und dem spiritistischen Medium in Endor eine ganz andere Version. Sie ist eine übersinnliche, gute und hochbegabte Frau, die nicht mit einer üblen Hexe mit zerrauften Haaren und zerlumpten Kleidern vorzustellen ist.

Samuel war gestorben. König Saul wurde von den Philistern arg bedrängt. Er hatte »den Herrn befragt«, aber der gab ihm keine Antwort, weder durch Träume noch durch die Propheten. Saul beauftragte daraufhin einen Diener, eine medial veranlagte Frau ausfindig zu machen, die in dauernder Berührung mit der unsichtbaren Welt stehe.

In Endor, einer Stadt, die heute noch gegenüber dem Berge Tabor liegt, fand man eine Frau, die mit übersinnlichen Fähigkeiten begabt war.

Der verkleidete König Saul machte sich auf den Weg zu ihr und bat das Medium, ihr den Geist des verstorbenen Propheten Samuel »heraufzuholen«.

Der Geist Samuels erschien tatsächlich. Im hebräischen Text heißt es: »Und als die Frau Samuel *sah* . . .« – keine Phantasiegestalt, keine Einbildung, sondern Realität. Das Medium sah »Götter heraufsteigen aus der Erde«.

Elliot »weiß«, daß »Götter« für »entkörperte Geister« gebraucht würden: »›Aus der Erde heraufsteigend‹ beinhalte allgemein ein Symbol für Geborgenheit.« Sie seien aus ihrer ätherischen (nicht astralen, da es sich um hochstehende Geister handelte) Geborgenheit emporgestiegen.

Noch einmal Maurice Elliot: »Wäre die Frau von Endor eine Betrügerin gewesen, so hätte sie nie und nimmer eine solche Schreckensherrschaft für Saul verkündigt, daß dieser und seine beiden Söhne am nächsten Tage geschlagen würden. Sie würde, da sie ihr Leben in seinen Händen wußte, keine anderen als angenehme Prophezeiungen ausgesagt haben.«[28]

Elliot läßt offen, ob der herbeizitierte Samuel durch die Totenbeschwörerin sprach oder mit direkter Stimme. Alle Möglichkeiten sind nach spiritistischer Überzeugung möglich. Vehement wendet sich Elliot gegen den neuesten kirchlichen Kommentar von 61 Theologen der anglikanischen Kirche, die geschrieben hatten:

- In der Geschichte werde ein weit verbreiteter Glaube der Totenbeschwörung (Nekromantie) beschrieben;
- es sei eine irrige Vorstellung, wenn man glaube, daß die Geister Verstorbener noch eine äußere Ähnlichkeit mit ihrem früheren Aussehen behielten, um mit den Menschen auf der Erde in Verbindung zu treten;
- Saul habe einen letzten verzweifelten Versuch unternommen und zur »schwarzen Magie« Zuflucht genommen;
- das Medium habe vorgegeben, einen Geist zu sehen, aber die Stimme habe es nur vorgetäuscht.

Auch die Kirche von England bestreitet offenbar das Vorhandensein wirklicher Totengeister.

## 1. Wen beschwor die Totenbeschwörerin von Endor herauf?

Der Theologe Benedikt Peters, der in der Zeitschrift »Ethos« regelmäßig biblisch-theologische Fragen beantwortet, kommentiert die Frage eines Lesers folgendermaßen:

»Zu ›Frage A‹: Können wir mit Sicherheit sagen, daß aller Spiritismus, bei dem durch ein Medium angeblich der Geist eines Verstorbenen spricht, dämonische Vorgaukelung ist?

Es steht nicht in der Macht des Menschen, einen Verstorbenen herbeizurufen; dies vermag allein der Herr über die Toten und die Lebendigen, wie wir auf Grund von Römer 14,9 urteilen müssen. In Offenbarung 1,18 lesen wir zudem, daß der Herr Jesus die Schlüssel des Todes und des Totenreiches in der Hand hat. Ohne seinen Willen kann kein Toter daraus entlassen werden.

Zu ›Frage B‹: Davon ausgehend, müssen wir wohl urteilen, daß Samuel kaum durch die Künste der Totenbeschwörerin heraufkam, sondern weil Gott selbst Samuel dem König Saul erscheinen ließ. Steht das aber nicht in Widerspruch zum Verbot, Tote zu befragen, das ja Gott persönlich gegeben hatte (5. Mose 18,11)?

Gott gibt uns Menschen zuweilen auch Dinge, die er uns verboten hat, wenn wir durchaus darauf bestehen. Nur ist es uns dann nie zum Segen, sondern ohne Ausnahme zum Fluch. Ein Beispiel dafür liefert uns das Volk Israel bei seiner Bitte um Fleisch, da es doch das Manna hatte.

Saul war ungehorsam geworden, und deshalb redete Gott nicht mehr zu ihm durch legitime Mittel, also ›weder durch Träume, noch durch die Urim, noch durch die Propheten‹ (1. Samuel 28,6). Da sucht der verzweifelte König wider besseres Wissen – er hatte ja die Totenbeschwörer eigenhändig im Land ausgerottet (Vers 3) – eine Quelle erhofften Lichtes auf. Hätte sich Saul vor Gott gebeugt, und hätte er seine Unwilligkeit, auf Gott zu hören, als Sünde bekannt, hätte Gott wieder zu ihm gesprochen. Er ist aber zu stolz, um sich zu demütigen, und so will er um jeden Preis den Rat des bereits verstorbenen Samuel einholen.

Gott erfüllt nun dem verstockten König seinen Wunsch: Samuel erscheint ihm. Was ihm dieser sagt, ist freilich die entsetzliche Wahrheit, daß Saul mitsamt seinen Söhnen tags darauf sterben werde. Wieviel glücklicher wäre es für Saul gewesen, hätte er es nicht gewußt! Und so muß er mit dieser ihn hoffnungslos überfordernden und nur quälenden Wahrheit seine letzten bangen Stunden verbringen.

Wir dürfen die Worte des Samuel nicht in der Weise pressen, als ob sie bedeuteten, Saul habe durch sein sündiges Trachten Samuel in seiner Ruhe zu stören und heraufzuzitieren vermocht. Das kann nur Gott und sonst niemand. Daher wird es das beste sein, in den Worten Samuels eine Rüge an Saul zu sehen, der so töricht war, daß er in seiner Not nicht zu seinem Gott zurückkehrte, sondern vor ihm zu fliehen suchte. Es hilft alles nichts: Seines Ungehorsams wegen hat er bereits das Königtum verloren (Vers 17); seines fortgesetzten Ungehorsams wegen verliert er nun auch seine Seele (Vers 19).«[29]

## 2. Einige Anmerkungen zu dieser Frau

### *a) Unsichtbare Mächte herrschen*

Ob wir es wollen oder nicht: Die Bibel lehrt, daß übernatürliche Mächte diese Welt beherrschen und lenken.

Paulus schrieb: »Denn wir kämpfen nicht gegen Menschen. Wir kämpfen gegen unsichtbare Mächte und Gewalten, gegen die bösen Geister zwischen Himmel und Erde, die jetzt diese dunkle Welt beherrschen« (Eph. 6,12).

Jesus Christus hat die Behauptung Satans, alle Reiche der Welt gehörten ihm, nie bestritten. Kein Wunder, daß es Spiritismus in dieser Welt gibt, und daß sie von bösen Geistern unter dem Himmel regiert wird.

### *b) Tote können nicht mit Lebenden sprechen*

Im Gleichnis vom reichen Mann und armen Lazarus heißt es: »Außerdem liegt zwischen uns und euch ein tiefer Graben. Selbst wenn jemand wollte, könnte er nicht zu euch kommen, genauso wie keiner von dort zu uns gelangen kann« (Luk. 16,26).

Kommunikation zwischen Toten und Lebendigen gibt es also nicht. Es ist eine Lüge des Teufels, Tote könnten mit Lebendigen sprechen.

### c) *Saul erzwingt Antworten durch eine Séance*

Saul beging eine schwere Sünde, indem er sich an eine Totenbeschwörerin (Spiritistin) wandte. Weder durch Träume noch durch Gebete und durch Propheten hatte der lebendige Gott mit Saul geredet. Da wollte er es auf sündhafte Weise durch eine spiritistische Séance erzwingen. Gott läßt sich aber durch kein Medium zwingen.

### d) *Saul sah den Geist Samuels nicht*

Wichtig ist, daß das spiritistische Medium Samuel sah. Der biblische Text macht deutlich, daß Saul auf die Angaben des Mediums angewiesen war:

»Da fragte er sie: ›Wie sieht das Wesen aus?‹ Sie antwortete: ›Ein alter Mann steigt herauf in einen Mantel gehüllt.‹ Da erkannte Saul, daß es Samuel war« (1. Sam. 28,14).

Erst dann warf sich Saul ehrfurchtsvoll zur Erde. Er glaubte dem Medium.

Herbert W. Armstrong deutet diese Stelle so:

»Merke: ›Gesehen‹ hat Saul immer noch nichts! Er ›kannte‹ nur aus der Beschreibung der Frau, daß es sich um die Gestalt Samuels handelte. Hier haben wir ein Paradebeispiel für ›Personenvorspiegelung‹ durch böse Geister. Der Totengeist ließ eine Illusion entstehen, die nur die Frau sah: Die Illusion eines aus der Erde aufsteigenden Richters. Denken wir daran, daß Samuel in Wirklichkeit 80 Kilometer entfernt begraben lag, nicht in Endor, dem Schauplatz der Séance. Samuel wurde *nicht* auferweckt. Das ganze war ein übernatürlicher Betrug. Die Person Samuels vortäuschend, sprach der Geist den König an ...«[30]

### e) *Der Totengeist kam aus der Erde*

Das spiritistische Medium in Endor will den Totengeist »heraufbeschwören« aus dem Grabe, aus der Erde. Diese

Form wurde in alter Zeit praktiziert, als man noch glaubte, daß die Toten im Grabe ruhen. Heute lassen die spiritistischen Medien den Geist mit einer Stimme aus der Luft sprechen. In spiritistischen Veröffentlichungen kann man immer wieder lesen: »Der Geist erschien von oben«, oder: »Der Geist kam herab.«

### *f) Woher nahm das Medium die Prophezeiung?*

Wenn es stimmt, daß spiritistische Medien sich böser Mächte bedienen können, dann liegt die Antwort auf der Hand. Noch einmal Herbert W. Armstrong:

»Woher wußte der Geist dies im voraus? Nun, Gott macht bösen Geistern oft seine Pläne bekannt! Siehe z.B. 1. Könige 22,22–23 und 2. Chronik 18,21–22. Dort läßt Gott zu, daß ›Lügengeister‹ seine Pläne kennen. Gott ist Gesamtherrscher des Universums. Doch er gestattet Satan und seinen Dämonen, die Erde zu beeinflussen, zu beherrschen. Der Totengeist, welchen die Frau in Endor heraufbeschwor, muß gewußt haben, daß Gott am nächsten Tag Samuel erlösen wollte.«[31]

# XIX. Spiritistische Heiler

Die Hochburg der Heiler in Europa ist zweifellos England. Viele Heiler sind der New Age-Philosophie verpflichtet. Viele kommen aus der Tradition des Spiritismus, bzw. des Spiritualismus. Die Begriffe im Zusammenhang der verschiedenen Heiler und ihrer Zentren, die verwendet werden, sind sehr unterschiedlich. Man spricht

- von spirituellem Heilen,
- von spiritueller Psychotherapie,
- von Geistheilung,
- von spiritistischer Heilkunst,
- von medialen Operationen,
- von spiritistischen Geisteroperationen,
- von paranormalen Heilweisen.

»Gute« und »schlechte« Energien spielen eine Rolle. Die guten Energien werden dem Menschen durch Handauflegung, durch Körperberührung und Massage vermittelt. Die schlechten Energien werden abmassiert. Man spricht gern von »Aura-Massage«. Die Geistheiler bemühen sich, das »Magnetfeld« und die »Gravitation« zu manipulieren, um ganzheitliche Störungen zu beseitigen. Die einen arbeiten mit der »Auradiagnose«. Andere behaupten, aurasichtig zu sein. Sie glauben, das sogenannte feinstoffliche Feld, das den Körper umgibt, genau diagnostizieren zu können. Hier seien Körperkrankheiten, psychische Fehler und »kosmische Vorbelastungen«, die aus Reinkarnationen stammen, abzulesen.

Man unterscheidet *magnetische Heilung* und *spirituelle Heilung.*

»Bei der sogenannten magnetischen Heilung gibt der Helfer von der in seinem physischen und Bioplasmakörper angestauten Vitalkraft etwas an den Patienten ab, und zwar fließt diese Kraft direkt von Körper zu Körper. Für alle, die nicht einen großen Vitalkraftüberschuß haben, der sich schnell wieder auflädt, ist die häufige magnetische

Heilung jedoch riskant ... Bei der spirituellen Heilung, d.h. der eigentlichen Geistheilung geschieht etwas ganz anderes. Der Heiler bringt sich selbst in Einstimmung mit der kosmischen Heilkraft. Diese strahlt dann auf den Heiler, der sie aus seinem Seelenkörper (Astralkörper) auf den des Patienten weiterleitet. Von dort geht sie durch den Bioplasmakörper in den physischen Körper ... Die kosmische Heilkraft strahlt aber auch direkt auf den Patienten, wenn der Heiler sich auf ihn und die geistige Heilquelle zugleich einstimmt ... Bei der geistigen Heilweise ist kein Vitalkraftverschleiß möglich; der Heiler handelt ja nur als ›Schalter und Durchgangskanal für eine höhere Kraft‹.«[32]

## 1. Heilen mit Geistern toter deutscher Ärzte

In der Kolonialzeit Brasiliens, als das Land um 1500 durch Spanier und Portugiesen entdeckt wurde, und später im 16. Jahrhundert, als viele afrikanische Sklaven nach Brasilien kamen, die jeweils ihre Stammesreligionen mitbrachten, vermischten sich indianische Stammesreligionen mit afrikanischen Traditionen und iberochristlichem Religionsverständnis. Diese Vermischung der afro-brasilianischen Kulturen mit Christentum und Spiritismus des 19. Jahrhunderts hat dem Land eine neue religiöse Bewegung beschert, die unter dem Sammelnamen *Umbanda* bekannt geworden ist. Die Umbanda-Bewegung wird auch als »Proletarischer Spiritismus« bezeichnet. Die Kultstätten des Umbanda-Kultes haben die Funktion einer Integration der ländlichen Slumbewohner. Das unbedingte Prinzip der Gleichheit aller Rassen in Brasilien ermöglicht es, daß afrikanische, brasilianische, spiritistische und christliche Elemente sich nahtlos verknüpfen lassen.

Neben dem Umbanda-Kult gibt es auch den *Macumba*-Kult und die Bewegung der *Candomblé.* Ganz grob charakterisiert entspricht der Macumba dem »Heiler«-Typ, der

Candomblé dem »Priester«-Typ. Aber im Grunde spielt die Heilungspraxis im Umbanda eine gleiche Rolle.

Nach spiritistischer Auffassung können sich die Geister Verstorbener der Körper Lebender bedienen, um ihnen Botschaften zu übermitteln und Gutes zu tun. Viele Medien inkorporieren eine Reihe verschiedener Geister, die sich im Heilen zu Wort melden und dem spirituellen Operateur wichtige Botschaften zukommen lassen.

In keinem Land der Welt gibt es eine so eigentümliche Mischung aus spiritueller Seelsorge, spiritistischem Geisterglauben und offizieller Medizin. Volks-Katholizismus, indianische Vorstellungen und afrikanische Kulturen mischen sich ohne Komplikation.

Fast alle Kultpriester der *Umbanda* sind nicht nur für das geistige, sondern auch für das körperliche und seelische Wohl ihrer Gläubigen zuständig. Sie sind Seelsorger, Priester und Heiler in einer Person. Diese Heilmedien wollen Mittler zwischen der diesseitigen Welt des Menschen und der jenseitigen Welt der Geister sein.

Wenn die Geister über die Medien kommen, fallen sie in Trance. Die Rezepte, die sie schreiben, sind häufig mit Namen von Ärzten unterschrieben, die längst gestorben sind. Der Publizist Ulfried Greuter beschreibt das so:

»Als Dr. Edson Cavalcanti, der Star der Baseler Psi-Tage, Anfang 1985 den brasilianischen Fernsehstar Chico Anisio an einem chronischen Rachen-Katarrh behandelte, meldete das die große Illustrierte ›Manchete‹ unter der Überschrift ›Das letzte Wunder des Dr. Fritz‹. Doktor Fritz war ein deutscher Arzt, der im Ersten Weltkrieg starb und dessen Geist sich seitdem in allen möglichen Heilern inkorporiert. Über ›mediale‹ Gemälde weiß er von seinem Äußeren – eines hing auf den Baseler Psi-Tagen. In einem kleinen Buch finde ich die Erklärung, daß sich eines Tages einige Geister in den höheren Gefilden Sorgen darüber machten, warum der *wissenschaftliche* Aberglaube so um sich greife. Sie baten Christus, diese Situation ändern zu dürfen. Die Mehrheit von ihnen hat sich damals in deutsche Ärzte inkarniert. Doch nun wählten sie Brasilien aus. Fritz ist in Brasilien aber auch ein Synonym für die Deutschen schlechthin.«[33]

Man sagt, daß die offizielle Psychiatrie in Brasilien, die sich Kraeplin und Bleuler verpflichtet fühlt – beides führende Psychiater, die der Forschung entscheidende Impulse gaben –, der Patienten mit ihren eigenwilligen Phänomenen nicht annehmen können. Auch die Patienten fühlen sich in keiner Weise von ihnen verstanden, wenn sie unter den *mal ohado*, dem bösen Blick, leiden oder von *encostado* reden, sich durch einen Geist behindert fühlen. Für die offizielle Psychiatrie seien das Zeichen einer Psychose. Dabei sei der »böse Blick« in jeder Kultur etwas völlig Normales.

Immer wieder wird von Menschen berichtet, die sich in Umbanda-Sitzungen wie besessen verhalten. Geister sind in sie gefahren. Mit starrem Blick drehen sie sich zuckend durch den Raum. Sie drehen sich bis zur Bewußtlosigkeit, wälzen sich am Boden und zucken am ganzen Leib. Jeder der Anwesenden respektiert das, denn es ist ja der Geist, der sich im Menschen inkorporiert hat.

Geuter läßt den deutschen Psychologen Figge, einen Kenner der Umbanda in Brasilien, zu Wort kommen:

»Ist es Trance oder Hypnose? ... Ein Hypnotisierter ist passiv und kann beeinflußt werden; in der Trance wird nur das Bewußtsein eingeengt. Bei der Besessenheit aber ist ein Mensch nicht mehr in seiner Persönlichkeit als Alltagsmensch, in seiner Primär-Persönlichkeit; als Medium ist er in einer anderen Persönlichkeit, einer Sekundärpersönlichkeit zu Hause, die er sich in kultischer Einübung langsam aufgebaut hat. In der Besessenheit gibt es keine Verbindung mehr mit dem Erlebnis-Kontinuum des Alltags; es ist, als habe ein fremdes Wesen von ihm Besitz ergriffen.«[34]

Dr. Kurt E. Koch geht schonungslos mit diesen spiritistischen Heilern ins Gericht, wenn er schreibt:

»Es ist vorwiegend der religiös getarnte Spiritismus, der

sich auf dem Gebiet der Heilungen betätigt. Es gibt auch sogenannte Faith-Healer (Glaubensheiler), die nicht in der Kraft des Heiligen Geistes, sondern mit religiösem Spiritismus oder mit weißer Magie arbeiten. Noch verheerender als die spiritistischen Heilungen unter frommem Deckmantel wirken sich die spiritistischen Operationen aus ... Der Erfolgreichste unter den spiritistischen Chirurgen ist der Brasilianer Arigo. Was er alles vollbracht hat, ist eine Kette von Wundern – allerdings dämonischen Wundern. Die katholische Kirche bezeichnet ihn als spiritistischen Heiler ... Nun zunächst zur Person Arigos: Er durchlief nur 4 Jahre Grundschule und hat keine medizinische Ausbildung. Von Beruf ist er Minenarbeiter. Die Operationen führt er in Trance durch. Er behauptet, der Geist eines deutschen Arztes, Dr. Adolph Fritz, würde ihn ›besessen‹ machen. Die Operationsschnitte von Arigo heilen auch ohne Naht mit großer Schnelligkeit zu. Wenn Arigo in Trance ist, gibt er bei jedem Besucher sofort die exakte Diagnose. Es handelt sich also um die sogenannte hellfühlende Diagnose, wie wir sie nur bei starken spiritistischen Medien finden. – Es handelt sich bei Arigo um nichts anderes als um eine Besessenheit ... Diese Wunderheilungen werden an den Teufel mit dem Verlust des Lebensheils bezahlt.«[35]

Dazu einige Anmerkungen:

- Koch kommt zu diesen endgültigen Urteilen, obschon Arigo über seiner Tür ein Schild hängen hat mit der Aufschrift: »Hier in diesem Haus sind wir alle Katholiken«!
- Bei der Operation in seinem Haus stellt Arigo die Patienten unter ein Jesusbild mit dem Spruch: »Pense em Jesus – Denke an Jesus.« Bevor er morgens seine Arbeit beginnt, betet der spirituelle Operateur ein Vaterunser.
- Koch hält alle frommen Umrahmungen für Seelenfängerei und teuflische Tricks, die gutgläubige Menschen einlullen sollen.

- Koch glaubt, daß Arigos Heilungen kein Bluff sind und kein Schwindel. Es soll sich um echte Operationen handeln, die aber in der Kraftwirkung dämonischer Mächte geschehen.

## 2. Krankenheilung als Auftrag Jesu

In unserer Zeit ist von einem Neuaufbruch im Blick auf Krankenheilung die Rede. Der »Heilungsdienst« – der besonders von charismatischen Bewegungen betont wird –, das Gebet für Kranke, hat die Christenheit seit den Anfängen beschäftigt. Immer hat es Christen gegeben und gibt es auch heute, die damit rechnen, daß Gott sein Heil für uns Menschen sichtbar macht, daß er uns an Geist, Seele und Leib anrührt und heilt.

Unmißverständlich hat Jesus seine Nachfolger darauf hingewiesen:

»Wenn ihr aber hingeht, so predigt: Das Reich der Himmel ist nahe gekommen. Heilt Kranke, weckt Tote auf, macht Aussätzige rein, treibt Dämonen aus!« (Matth. 10,7–8).

*Krankenheilung* ist kein Nebenthema,
*Krankenheilung* ist keine Sondergabe,
*Krankenheilung* ist kein Spezialgebiet für Sektierer,
*Krankenheilung* ist der Auftrag der Kirche Jesu Christi.

*Verkündigen* und *Heilen*, das sind die beiden Elemente des missionarischen Dienstes. Die Menschen sollen beides erfahren:

- die Ankunft des Reiches Gottes,
- die Nachfolge Christi Jesu,
- die Befreiung von Sünde und Tod,
- die Heilung von Krankheit und Gebrechen,
- die Befreiung von Dämonen.

Auch wenn die New Age-Bewegung das holistische Denken, das Ganzheitsdenken, die ganzheitliche Sicht vom

Menschen stark betont und damit auf viele Menschen Eindruck macht, bleibt es eine uralte biblische Tatsache, daß Gott den ganzen Menschen heilen und heilmachen will, daß Heil und Heilung zusammengehören. Das Neue Testament macht deutlich, daß das Wort für »Heil« (soteria) auch für »Heilung« verwendet wird.

Der biblische Heilungsauftrag und spiritistische Heilungen haben aber nichts miteinander zu tun, auch wenn Gebete gesprochen und christliche Rituale praktiziert werden.

Da »Geistheilungen« und »spiritistische Heilmethoden« immer populärer werden, sind die Christen aufgefordert, unmißverständlich Stellung zu beziehen.

Wie sind Krankenheilung im Namen Jesu und Geistheilung zu beurteilen?

Geistheilung und biblische Heilung durch den Heiligen Geist unterscheiden sich

- wie Feuer und Wasser,
- wie Aberglaube und Glaube,
- wie Hilfe aus dunklen Quellen und aus Quellen des Lebens.

Spiritistisches Heilen, Geistheilen und spiritistische Psychotherapie beinhalten etwas völlig anderes. Der Geistheiler Besley spricht von »Korrekturen am feinstofflichen Körper«.

Auch die Methode spiritistischer Medien, die sich der Geister Verstorbener bedienen, die Geister berühmter Ärzte inkorporieren, sind christlich nicht verantwortbar.

Die biblische Botschaft ist eindeutig:

»Ihr dürft niemand unter euch dulden, der wahrsagt oder aus Vorzeichen die Zukunft deutet, der zaubert, Geister beschwört oder Tote befragt. Wer so etwas tut, ist dem Herrn zuwider« (5. Mose 18,11–12).

## 3. Geistheilung – eine Heilweise des »Neuen Zeitalters«

1965 begann in England die Entdeckung und Erforschung der Diagnose und Therapie über den Ätherkörper bzw. das Energiefeld des Menschen. Die Menschen, die über den Äther-Leib Krankheiten beeinflussen wollen, werden *Geistheiler* genannt. Auch in der Bundesrepublik haben die Geistheiler Konjunktur.

Im Oktober 1986 erlebten Millionen Zuschauer im Fernsehen, wie der Schweizer Geistheiler Wallimann sich mit Kranken traf, die er zuvor mit Hilfe okkulter Energien beeinflußt hatte. Wallimann braucht für seine Heilungen nicht mehr die Anwesenheit des Patienten. Er benutzt Fotos, die ihm die Kranken zuschicken, und er stellt mit Hilfe der Bilder einen Heilkontakt her. Während er in Trance fällt, fließen Kräfte aus dem All von seinem Körper in das Foto und über das Foto in den kranken Patienten.

Heute gibt es in England mehrere Geistheiler-Vereinigungen mit über 6000 offiziell anerkannten Heilern. Inoffiziell wird die Zahl der Geistheiler weit über 20000 geschätzt. Die Heiler sind inzwischen in den englischen Krankenhäusern zugelassen, um auf Verlangen des Patienten die ärztliche Behandlung mit ihren Mitteln und Möglichkeiten zu unterstützen.

Das geistige Heilen ist ein uraltes Phänomen. Durch Übertragung von Kräften und von Energien versucht man, über den sogenannten Ätherkörper Krankheiten zu heilen. Da ist ständig vom Äther- oder Energiekörper die Rede, der selbstverständlich physikalisch bisher nicht gemessen und erkannt wurde. Jeder dritte Mensch soll aber – nach den Erfahrungen der Geistheiler – in der Lage sein, diesen Energiekörper, der einen Teil der Aura darstellt, mit seinen Händen zu fühlen. Der Mensch selbst ist das Netzgerät, das mit seinen Händen dieses Energiefeld sensibel ertasten kann.

Die Geistheiler sprechen von Chakras, von Energiezentren und Energiewirbeln, die über charakteristischen Stellen des Körpers zu finden sind. Sie sollen die Größe von Geldmünzen haben und bei besonderer Aktivität einen Durchmesser von ca. 30 cm annehmen können. Die Geistheiler sprechen von sieben Hauptchakras und 49 Nebenchakras. Das *Stirn-Chakra* beispielsweise wird auch das »Dritte Auge« genannt. Es soll das Chakra sein, das Hellsehen ermöglicht, wenn es entsprechend aktiviert wird.

Seine geistige Haupteigenschaft soll sich in der Intuition äußern. Über die Geistheiler sollen die Chakras geistige Energien empfangen, die sie wie ein Transformator umwandeln und in den Körper weiterleiten. Geistheiler sind darum überzeugt,

- daß Chakras der Erhaltung des Lebens dienen,
- daß Menschen ohne Energiekörper verwesen,
- daß das seelische Umfeld sich nachhaltig auf die Chakren auswirkt,
- daß bestimmte Energien für bestimmte Organe lebensnotwendig sind,
- daß Krankheiten zuerst im Energiekörper entstehen und allmählich in den leiblichen Körper abwandern,
- daß alle Chakren miteinander harmonisiert werden müssen, damit der Mensch wieder heil wird.

Nach spiritistischer Auffassung – sie war gegen Ende des 19. Jahrhunderts in Europa sehr verbreitet, kam von hier nach Brasilien, und mischte sich dort mit dem Volkskatholizismus, mit indianischen Vorstellungen und mit afrikanischen Kulturen – können sich Geister Verstorbener der Körper Lebender bedienen, um ihnen Botschaften zu übermitteln und Gutes zu tun. Bedeutende Geistheiler verkörpern – angeblich – bis zu 30 verschiedene Wesen!

Viele Geistheiler in Brasilien praktizieren als Spiritisten. So gibt es Zentren, die auf den französischen Altmeister des Spiritismus Allan Kardec (1804–1869) zurückgehen (s. S. 36ff).

Was tun diese brasilianischen Geistheiler? Wie verstehen sie ihre Arbeit?

- Sie wollen Leib, Seele und Geist wieder ins Gleichgewicht bringen;
- sie wollen dem Patienten schlechte Energien abnehmen;
- sie wollen dem Kranken gute Energien des Himmels vermitteln;
- sie betreiben eine Aura-Massage;
- sie betrachten ihre Körpertherapie als Energie-Abstreifen.

Alles ist mit christlichen Gedanken verknüpft. Christliches und Spiritistisches sind nahtlos miteinander verbunden.

## XX. Das Glaubensbekenntnis der Spiritisten

Der Engländer Shaw Desmond hat in seinem Buch »*Wie du lebst, wenn du gestorben bist*« eine Art spiritistisches Credo formuliert. Er spricht von den »Glaubensgrundsätzen« unserer jenseitigen Freunde.[36]

Entscheidende Sätze daraus lauten:

1. Gott ist eine Tatsache.
2. Leben ist unzerstörbar, die Seele ist unsterblich, ihrem Wachstum und ihrer Entfaltung sind keine Grenzen gesetzt.
3. Es gibt keine Hölle, außer der des schlechten Gewissens (und das kann man bessern).
4. Alles, was mit uns geschieht, ist das Resultat unserer eigenen Gedanken und Taten.
5. Nichts dauert ewig, das Gute allein bleibt bestehen.
6. Der Zweck allen Lebens ist die Erlangung höheren Bewußtseins.
7. Ob wir aufsteigen oder momentan in die Irre gehen, letztlich führen alle Wege zur Höhe und münden schließlich in Gott, dem Urquell allen Seins. Keine einzige je erschaffene Seele ist für ewig verloren.
8. Wir besitzen alle in mehr oder minder hohem Grad einen freien Willen. Nichts ist vorherbestimmt, unsere Zukunft wird von unserem eigenen Handeln geprägt.
9. Auf unser Vorwärtskommen wirken dabei drei Dinge tödlich hemmend: mangelnde Wahrhaftigkeit, Haß und die Weigerung, sein Antlitz dem göttlichen Licht zuzuwenden.

Das beinhaltet:

– Für die Spiritisten ist das Erdenleben eine Station auf dem Weg zur Vollendung. Hier muß der Mensch Prüfungen bestehen, um dadurch für den weiteren Aufstieg reif zu werden.

– Die meisten Spritisten sprechen von wiederholten Reinkarnationen, also Wiederverkörperungen. Die Aufgabe des inkarnierten Geistes ist es, sich von allen Bindungen zu befreien, die ihn an das Materielle binden.

– Die Spiritisten sprechen gern von Nächstenliebe als der höchsten Aufgabe im diesseitigen Leben.

– Der Tod wird nicht als Ende oder Vernichtung gesehen, sondern als Übergang von der irdischen Bühne zu einem anderen Lebensabschnitt. In der jenseitigen Welt lebt der Geist im Astralleib weiter, in der irdischen in neuer Verkörperung.

– Die Astralwelt ist eine wunderschöne Welt mit Blumen und Bäumen, mit Tieren und schönen Dingen. Die Farben sind prächtiger und die Düfte der Blumen intensiver als in unserer Welt – behaupten die Spiritisten.

– Das Leben auf der Erde entscheidet über die Qualität im nächsten Leben. Hat der Mensch viel Unrecht und Schuld auf sich geladen, wird seine Wiederverkörperung schmachvoller ausfallen. Fortschritt oder Rückschritt wirken sich automatisch auf den Astralleib aus.

– Typisch für den Spiritisten ist, daß er sich den von ihm angenommenen höheren Mächten (Geistern, Dämonen, Teufel und Gott) nicht unterwirft, sondern daß er sie in seinen Dienst zwingt. Der Spiritist oder auch der Spiritualist bestimmt Zeit, Ort und Umstände, unter denen diese Dienste zu leisten sind.

– Der Spiritist handelt *magisch.* Unter Magie verstehen wir Handlungen, die eine zwingende Beeinflussung der übersinnlichen oder sinnlichen Welt bezweckt. Magie ist ein rein egoistisches und selbstsüchtiges Verhalten. Es geht nicht um Ehrfurcht und Anbetung und um die Gemeinschaft mit dem lebendigen Gott, es geht um eigene Vorteile.

– Christus als Erlöser und Retter der Menschen ist überflüssig. Christus wird als erhabener Geist angesehen, Tod und Auferstehung sind für das persönliche Glaubensleben der Spiritisten unwichtig. Nach spiritistischer Auffassung sind Geistwesen ohnehin unsterblich und gelangen durch eigene Anstrengung zur Vollkommenheit.

– Gnade, Buße und Rechtfertigung spielen im Leben eines Spiritisten keine Rolle. Das widerspricht der Lehre der Reinkarnation. Spiritualisten sind eine besondere Art von »Geisteswissenschaftlern«, die sich der Erforschung des Jenseits hingeben. Christus ist für sie »Wundertäter« und »Geistheiler«. Spiritistische Heilslehren sprechen dem Menschen die Kraft zu, sich selbst aus Bindungen zu befreien und Vollkommenheit zu erlangen. Die Geister fungieren dabei als Helfer, Begleiter und Lehrer.

# XXI. Wie geht der Spiritismus mit der biblischen Botschaft um?

Er glaubt sich seiner besonderen Ethik verpflichtet. Nur derjenige soll in einer höheren Welt gut dran sein, der es im Diesseits verstanden hat, seine Mitmenschen zu lieben. Wer hier ständig daran arbeitet, seinen Charakter zu vervollkommnen, wird als »transzendentales Subjekt«, wie ein Klassiker des Spiritismus, du Prel, es formuliert hat, in der übergeordneten Welt Ruhe und Frieden finden.

Auch zur Hilfestellung für umherirrende Seelen ist der Spiritist im Diesseits verpflichtet, er soll für sie beten, Messen lesen und ihre geäußerten Wünsche erfüllen. Vielfach jagen irrende Seelen friedlos umher, weil sie ohne Segen auf niederträchtige Weise in Kellergewölben verscharrt, in Brunnenschächten versteckt und in Hohlwänden eingemauert wurden. Man soll sie nachträglich mit kirchlichem Segen auf Friedhöfen bestatten, damit der Friede sie überstrahle.

Außerdem »weiß« der Spiritismus, daß die Geister Verstorbener uns sehen, hören und belauschen. Hüten wir unsere Zunge, wenn wir über sie sprechen. Auch das gehört zum spiritistischen Ahnenkult, daß wir Gutes von ihnen reden und alles zum Besten drehen. Wer es tut, wird hier schon den Rat und die Hilfe der Geister erfahren.

Shaw Desmond, ein englischer Spiritist, will von seinen jenseitigen Astralführern wiederholt den Rat bekommen haben: »Es ist der Seele und dem Geist bekömmlicher, wenn sie nur fünf Minuten auf der Erde wachsen können, als hundert Jahre lang in der Ätherwelt.«

Denn diese Welt ist nach Meinung der Spiritisten Vorbereitungszeit für die kommende. Im Jenseits erwarten uns die Früchte unserer Leiden und Entsagungen. Denn nichts ist umsonst. Nach Auffassung der Spiritisten war die frühchristliche Kirche eine spiritistische Kirche und ihre Gottesdienste waren spiritistische Séancen. Als Beweis dafür nennen sie die Stelle des Paulus in 1. Korinther 12,7–10: »Jedem wird aber die Offenbarung des Geistes zum allgemeinen Besten verliehen ... einem anderen die Verrichtung von Wundertaten, einem anderen prophetische Rede, einem anderen Unterscheidung der Geister, einem anderen mancherlei Zungenreden, einem anderen die Auslegung der Zungenreden.«[39]

Diese besonders begabten Menschen waren – so Desmond – Medien und sprachen im Trance-Zustand. Sie überbrachten Botschaften aus der anderen Welt, denn angeblich sprach Paulus über das Trostbringen und die Verständigung »im Geiste«, was offenbar bedeuten solle, daß man die Geister der anderen Welt durch Medien sprechen lassen sollte. Paulus nenne diese Geisterkontakte »Offenbarungen«.

## 1. Die Verklärung Jesu oder die Séance auf dem Berg?

Die Verklärung Jesu ist für den Spiritismus und für den Spiritualismus ein Standardbeispiel für eine gelungene Geisterbeschwörung. Alle Elemente, die eine Kontaktaufnahme mit Geistern Verstorbener vorsieht, kommen in dieser biblischen Geschichte nach Meinung der Spiritisten vor.

Christus selbst habe ständig mit der anderen Welt in Verbindung gestanden, und die Geschichte aus Matthäus 17,1–9 sei eine ausgesprochen spiritistische gewesen.

Spiritisten wollen besonders liberalen Gemeindegliedern damit imponieren, daß sie die biblischen Berichte ernst nehmen und darin keinen legendären und mythologischen Kern erblicken. Sie verweisen auf die Bibel als Offenbarung Gottes und wollen die psychologischen Erklärungen, die von Halluzinationen sprechen, entkräften.

Auch in Deutschland gibt es mehrere »christlich-spiritualistische Gemeinschaften«, die in Inseraten Leichtgläubige anlocken. In einem Lehrbuch heißt es:

»Alle ernsten christlich denkenden Menschen sind aufgerufen, sich an unserer kosmischen Gebetskette zu beteiligen. Denn gerade Dich ruft Christus: Ändert Eure Gesinnung! Denn die Verbindung mit der Geisterwelt Gottes steht nahe bevor« (Matth. 4,17).

Daß der Spiritismus eine Ersatzreligion ist, wird daran deutlich, daß es bereits in vielen Ländern spiritistische Kirchen gibt, in denen Gottesdienste und Geistpredigten gehalten werden.

Das alttestamentliche Verbot, mit Verstorbenen zu verkehren, erklärt der ehemalige katholische Priester Johannes Greber so: Das Verbot sei erlassen worden, um die Hilflosen und Unerfahrenen vor bösen Dämonen zu schützen, nicht aber vor »guten Dämonen«. Denn der Verkehr mit der bösartigen Geisterwelt soll selbstverständlich auch heute noch unterbleiben, der Verkehr mit »guten Geistern« sei aber zu fördern. Außerdem würden nicht die Toten gerufen, sondern die lebendigen Geister aus dem Totenreich.

Johannes Greber war katholischer Pfarrer und selbstlos tätig. Er gründete nach dem Ersten Weltkrieg einen Hilfsbund für 14000 hungernde Kinder. 1923 wandte er sich dem Spiritismus zu und wurde von der katholischen Kirche ausgeschlossen. Er wanderte dann nach Amerika aus, wo er das Neue Testament aus dem Griechischen übersetzte und spiritistisch erklärte.

## 2. Gottesdienstähnliche Séancen

Die Art der Gottesdienste und die liturgischen und kultischen Methoden sind verschieden. Wie in christlichen Kirchen steht in der Regel ein Kruzifix auf dem Altar, der mit Blumen geschmückt ist. Choräle werden von den Anwesenden gesungen und das »Vaterunser« laut verlesen. Nach Gebetsschluß ertönt gedämpfte Musik, und die Teilnehmer können sich auf Erscheinungen der jenseitigen Welt vorbereiten. Oft sollen verstorbene Geister – von Angehörigen der Loge – erscheinen. Sie materialisieren sich, unabhängig vom Körper des Mediums, oder machen sich durch automatische Schrift bemerkbar. Spiritisten behaupten, daß sich Kleidungsstücke und Gegenstände materialisieren, die sich Anwesende abschneiden oder nehmen dürfen. Viele Dinge würden niemals wieder dematerialisiert. Um dem Medium für die Materialisierung die notwendigen »odischen Kräfte« zu leihen, würden Handketten gebildet. Nachdem das Medium aus dem Trancezustand erwacht sei, würden Choräle gesungen und Gott für die wunderbaren Erlebnisse gedankt.

Der Missionstheologe Ingo Wulfhorst schildert spiritistische Versammlungen, wie sie in Brasilien stattfinden.[37]

Die Versammlungen der Spiritisten finden in der Regel in schmucklosen Sälen statt. In der Mitte steht oft ein weißer Tisch. Die Sitzungen finden abends statt und gliedern sich in vier Abschnitte.

Im *ersten* Abschnitt werden Mitteilungen des Geistes aus vergangenen Sitzungen vorgelesen.

Im *zweiten* Abschnitt werden Kundgebungen der Geister, die außerhalb der Sitzungen empfangen wurden, weitergegeben.

Im *dritten* Abschnitt werden spiritistische Studien betrieben. Fragen werden an die Geister gestellt.

Im *vierten* Abschnitt werden die Botschaften der Geister überprüft und diskutiert.

Während der Sitzungen ertönt oft leise Musik von Schallplatten. Der Leiter eröffnet die Sitzungen und schließt häufig mit Gebet, und zwar im Namen Gottes und des Meisters Jesus.

Im Rahmen der vier Schritte hält der Leiter eine Ansprache, legt Evangelientexte aus, die Allan Kardec kommentiert hat. Es werden auch persönliche Zeugnisse gegeben, wie man zum Spiritismus gefunden hat und wie man darin leben will. Die Mitglieder sitzen zuweilen mit geöffneten Händen und geschlossenen Augen da, verharren im Gebet und versuchen, die guten Geister anzulocken.

Wenn ein Medium in Trance fällt, was nach Vorstellung der Spiritisten beinhaltet, daß ein Geist sich des Mediums bemächtigt hat, stellt der Leiter des Zirkels Fragen an den unsichtbar anwesenden Geist, der durch das Medium antwortet. Die Geister geben Ratschläge für alle Lebensfragen. Umherirrende leidende Geister verkörpern sich auch in Medien. Sie werden von den Anwesenden »bekehrt«. Sie sollen sich für das Evangelium Jesu entscheiden. Gläubige, die an den Sitzungen teilnehmen und von negativen Geistern besetzt sind, erleben, daß das Medium magnetische abstreifende Handbewegungen praktiziert, um die negativen Einflüsse, die die Geister in den Anwesenden hervorrufen, auszutreiben.

Diese Heilmethoden haben den Sinn, psychische, physische und psychosomatische Krankheiten, die als Besessenheit durch böse Geister verstanden werden, abzustreifen.

Ingo Wulfhorst, der als Missionstheologe diese Praktiken in Einzelheiten schildert, schreibt:

»Diese Heilungsmethode wird als Rückgängigmachung, bzw. als Aufhebung der Besessenheit (desobsessão) von Geistern verstanden, die laut kardezistischer Lehre bestimmte Übel in Form von geistigen und leiblichen Erkrankungen zufügen . . . Nach dem Ritus der Befreiung von Besessenheit, einem abschließenden Gebet der Fürbitte für Kranke, Trauernde und Verstorbene und einem gemeinsam gesprochenen ›Vaterunser‹ wird die Sitzung im Namen Gottes und Jesu Christi beendet.«[38]

## 3. Wie sieht der Geistleib im Jenseits aus?

Wie unsere Leiber oder Geister im Jenseits beschaffen sind, wissen – unabhängig von Paulus, der einige grundlegende und doch vorsichtige Aussagen darüber gemacht hat – die Spiritisten ganz genau: Der Übertritt ins Jenseits erfolgt durch eine gewisse »Verdunkelung oder Bewußtlosigkeit« hindurch. Schließlich muß sich der Geist zunächst einmal erheben und neue »geistige Kräfte« sammeln. Er hat Träume aus seinem verflossenen Erdenleben, beseeligende und beklemmende. Und wenn er »erwacht«, findet er sich in einem gestalteten Leib wieder. Er ist »astrales Ebenbild des stofflichen Körpers«. Sogar die einzelnen Gesichtszüge bleiben dieselben, wenn der Mensch »hinübergeht«, und er wird von den Verstorbenen, die ihn auf Erden gekannt haben, begrüßt.

Der Geistleib ist jünger bei älteren Verstorbenen, während er im Falle früh Verstorbener zunächst erst einmal auf einen bestimmten »Reifezustand« gebracht wird.

Die Jenseitigen haben Ruhe und Erfolg, kennen keine Krankheiten und stehen untereinander wesentlich in telepathischer Verbindung. Sie sehen die Gedanken des anderen und sprechen miteinander nur gedanklich – wie mit drahtloser Telefonie. »Der Gedanke bedeutet im Jenseits alles. Denken ist Sein. Was sie denken, erfüllt sich.« Nach Shaw Desmond können die Unsterblichen jedes gewünschte Alter und jede Erscheinung annehmen. Und wenn sie uns erscheinen, zeigen sie sich uns in denselben Kleidern, mit denen sie hinübergegangen sind. Wenn eine Mutter jedoch in einem fremden Lande gestorben ist, nachdem sie von ihrem Kinde schon einige Jahre hindurch getrennt war, und sich nun zeigt, so erscheint sie in dem Alter und in der Kleidung, wie ihr Kind sie gekannt hat.

Der Ätherkörper benötigt keine Leibesübungen. Die geistige Funktion hält ihn lebendig.

Das ist noch nicht alles. Ein Kabinettstück spritistischer Fabulierkunst über das Jenseits ist das Wissen über Essen und Trinken der Geister. Shaw Desmond, der vor Jahren in England ein internationales Institut für mediale Forschung gegründet hat, schreibt darüber:

»Ja, wirkliches Brot und Fleisch und wirklichen Wein und rechtes Bier, wenn sie darauf Appetit haben. Ohne weiteres kann man sich Schnaps und Zigarren bestellen ... Natürlich sind Braten und Wein von ätherischer Beschaffenheit – eine halbe gasförmige Substanz, wie auch die

Körper der Geister – aber diesen Wesen erscheinen sie genauso körperlich wie uns der Braten und das Bier.«[39]

Shaw Desmond läßt sich nicht beirren. Er weiß es von den »größten Geisthelfern der Astralwelt«, die es ihm wiederholt und persönlich mitgeteilt haben. Dagegen ist wahrhaftig nichts zu sagen.

## 4. Spiritismus als direkte Offenbarung nach Mose und Jesus

In der Lehre von Alan Kardec wird der materiellen Welt die unsichtbare, spirituelle Welt gegenübergestellt. Die Geister legen nur vorübergehend eine Leiblichkeit auf Erden an, um dann wieder in Freiheit gesetzt zu werden. Das Prinzip der Reinkarnation (der Wiederverkörperung, der Seelenwanderung) dient dem Läuterungsprozeß der Geister, bis sie eines Tages die Vollkommenheit erreicht haben. Die Einmaligkeit des Erdenlebens, die Auferstehung der Toten und das Gericht Gottes nach dem Tode, selbstverständlich die ewige Verdammnis, werden abgelehnt.

Die Geister besitzen einen Ätherleib, der für die normalen Menschen nicht sichtbar ist. In der Geisterbeschwörung kann der Körper sich aber materialisieren, kann gefühlt und hörbar gemacht werden.

Der Spiritismus versteht sich als die dritte göttliche Offenbarung nach Mose und Jesus. Allerdings besitzt der Spiritismus keine besonderen Propheten, sondern teilt sich durch Kundgebungen der Geister über Medien mit. Kardec versteht den Spiritismus als den von Jesus in seinen Abschiedsreden prophezeiten Geist der Wahrheit. Er beruft sich auf Johannes 16,12–15, wo es heißt: »Ich hätte euch noch vieles zu sagen, doch das würde euch jetzt überfordern. Aber wenn der Geist der Wahrheit kommt, wird er euch in die ganze Wahrheit einführen ... Darum habe ich gesagt: Was der Geist an euch weitergibt, hat er von mir.«

Der verheißene Tröster wird mit Geistern nahtlos in

Verbindung gebracht. Darum vesteht sich der Spiritismus als die *wahre* Religion, die sich auf Eingebungen und Botschaften Jesu im Neuen Testament beruft. Für Kardec ist der Spiritismus eine Religion ohne Priester, ohne Riten und ohne Tempel. Und doch verkörpern die Medien die Rolle der Priester, und ihre spiritistischen Grundsätze, die Kardec aufgestellt hat, wirken wie Dogmen.

Kardec erhebt für den von ihm abgeleiteten Spiritismus den Anspruch, die einzig wahre Religion zu sein, die sich auf die Lehre Jesu im Neuen Testament bezieht und die einen neuen Abschnitt in der Menschheitsgeschichte einleitet. Der Kardezistische Spiritismus versteht sich darum als Restauration der Lehre Christi. Jesus gilt als großer Prophet, er wird als »Meister« charakterisiert. Allerdings wird der Sühnetod Jesu vollends aus dem Glaubensgut der Spiritisten ausgeklammert. Die Moral Jesu spielt im Spiritismus eine große Rolle. Die Zehn Gebote des Alten Testamentes sind der Weg, auf dem Spiritisten ihren Heilsweg finden.

## 5. Die »Geister« von Luther und Goethe haben wenig zu berichten

Millionen Menschen zieht es weltweit in Bann, wenn sie auf Kommando, nach dem Willen zweifelhafter Medien, mit Geistern Verstorbener in Verbindung treten, um Wahrheiten und Weisheiten von den Geistern großer Verstorbener zu ergattern.

Die Seelen von Goethe, Hitler, Luther, Napoleon, Herodes und Cleopatra werden herbeizitiert, und unzählige abergläubische Menschen lassen sich von geheimnisvollen Stimmen aus dem Jenseits faszinieren. Was die erlauchten Geister der Geschichte allerdings über die Medien von sich geben, ist weitgehend so nichtssagend und primitiv, daß einigermaßen gescheite Menschen nur noch mit Kopfschütteln reagieren können. Was Luther, Bonhoeffer, Calvin und Zwingli aus der jenseitigen Welt an geistlichen Banalitäten von sich gegeben haben, soweit es spiritistische Zirkel veröffentlichen, ist so haarsträubend mager, daß sich die Medien eigentlich schämen müßten. Aber nicht nur deshalb müssen die Botschaften radikal in Frage gestellt werden.

Außerdem waren die sogenannten Geister der Verstorbenen auch nur in der Lage, in der Sprache der Medien zu antworten. Der Geist des Euripides war nicht in der Lage, zwei mal zwei auf griechisch zu beantworten.

Wie werden Ehepartner und Eltern von Kindern getäuscht, die durch den Tod einen lieben Menschen verloren haben! Im tiefsten Schmerz lassen sie sich von spiritistischen Medien verführen und lauschen den angeblichen Stimmen ihrer toten Angehörigen. Die Leidgeprüften sind so aufnahmebereit, daß sie den unglaublichsten Stimmen und Kundgebungen, die ihnen über die Medien zu Gehör gebracht werden, Glauben schenken.

Totenbeschwörung ist eine vermessene Gotteslästerung. Der lebendige Gott ist kein Hampelmann, der sich von X-beliebigen Medien manipulieren läßt, den verstorbenen Seelen die Geheimnisse der Welt Gottes in den Mund zu legen. Unser Herr ist kein Türschließer, der den Medien erlaubt, ungehindert Zutritt zu allen Geistern der Verstorbenen zu pflegen. Geister-Erscheinungen in spiritistischen Zirkeln sind Produkte der Medien, aber niemals Offenbarungen der realen Welt Gottes.

# XXII. Spiritualismus und christlicher Glaube

Die Beurteilung spiritistischer Phänomene ist mehr als uneinheitlich. Die einen sprechen von »Volksverdummung« und »grandiosem Betrug«, die anderen von »Teufelswerk«, von einem »Produkt finsterer Mächte«, und die dritten halten eine gewisse Anerkennung für geboten.

Der ehemalige Sektenbeauftragte der Ev. Kirche in Deutschland und Leiter der Zentralstelle für Weltanschauungsfragen in Stuttgart, Dr. Kurt Hutten, findet vor allem für den *Spiritualismus* eine positive Einschätzung. Der neuere Spiritualismus wurde von Andrew Jackson Davis (1826–1910) entwickelt, der jenseitige Diktate in New York empfangen haben will. In der Beschreibung der jenseitigen Welt liegt der Schwerpunkt des Spiritualismus. Dem Spiritualismus geht es nicht mehr um den Beweis des Fortlebens, sondern um die *Erforschung der jenseitigen Welt.* Es ist offensichtlich, daß die Bibel nur Andeutungen über die andere Welt enthält.

Der Spiritualismus muß als eine Gegenbewegung verstanden werden, die nachlassende Jenseitshoffnung im christlichen Glauben wieder zu fördern. Er will *Beweise* bringen, um das Überleben nach dem Tode zu erklären.

## Die Bibel widerspricht vielfach

– Die Bibel widerspricht radikal der Selbsterlösung. Sünde beinhaltet im christlichen Glauben nicht in erster Linie eine moralische Definition. Sünde ist Trennung von Gott. Sünde kann daher nicht durch fromme Leistungen und ein anständiges Leben wettgemacht werden, wie die Spiritisten glauben, sondern Sünde bedarf der Vergebung durch Jesus Christus.

– Die Bibel widerspricht radikal der Reinkarnationslehre.

Die Bibel kennt Wiedergeburt ausschließlich als geistliche Erneuerung durch den Heiligen Geist, niemals als Wiedergeborenwerden in ein neues fleischliches (incarnatus = menschgewordenes) Wesen. Im Hebräerbrief schreibt der Verfasser, daß der Mensch nur ein einziges Mal stirbt. Wir werden einmal geboren und sterben einmal. Nicht an einer einzigen Stelle erlaubt die Bibel den Gedanken an die Möglichkeit, von mehreren Leben in vergangenen Jahrhunderten zu reden. »So wie jeder Mensch ein einziges Mal stirbt und dann vor das Gericht Gottes kommt, so hat sich auch Christus einmal geopfert, um die Sünden aller Menschen zu beseitigen« (Hebr. 9,27).

Der Spiritismus eines Alan Kardecs und die Theosophie haben einen beherrschenden Einfluß im Spiritismus gewonnen. Der Entwicklungsweg eines Geistwesens ist durch Reinkarnation gekennzeichnet.

Allerdings sind die Spiritisten in dieser Lehraussage gespalten.

Interessant ist, daß bekannte Spiritisten ihre Antworten von jenseitigen Geistern erhalten haben wollen. Deutlich wird, daß in der jenseitigen Welt offenbar einhellige Lehraussagen nicht erhältlich sind.

– Die Bibel widerspricht radikal der spiritistischen Lehre, daß Jesus lediglich ein von Gott geschaffener hoher Geist sei, der mit den Engeln Michael, Gabriel und Raphael zu vergleichen wäre.

Eines Tages will Jesus von seinen Jüngern wissen, für wen die Leute ihn halten. Sie nennen ihm eine Reihe Namen, die Jesu Bedeutung charakterisieren sollen: Johannes der Täufer, der Prophet Elia oder Jeremia. In dem Zusammenhang formuliert Petrus das Christusbekenntnis: »Du bist Christus, der Sohn des lebendigen Gottes!« Darauf sagte Jesus zu ihm: »Du darfst dich freuen, Simon, Sohn von Johannes, denn diese Erkenntnis hast du nicht aus dir selbst; mein Vater im Himmel hat sie dir gegeben« (Matth. 16,16).

Die Sendung Christi, sein Tod am Kreuz und seine Auferstehung spielen im Spiritualismus bestenfalls eine untergeordnete Rolle. In den Augen der Spiritisten sind biblische Aussagen, die Jesus Christus als Sohn Gottes bezeichnen, nachträgliche Fälschungen.

– Die Bibel widerspricht radikal der Auffassung, daß Menschen die jenseitige Welt durch Leistungen erlangen können. Dr. Hutten schreibt:

»Nach der spiritistischen Darstellung ist die jenseitige Welt eine einzige, riesige und vielgliedrige Erziehungsinstitution, deren Pädagogik nach unverbrüchlichen Gesetzen gem. den Forderungen der Gerechtigkeit, Sühne und des Fortschritts durch eigene Leistung abläuft.«[40]

Vergebung und Gnade werden im spiritistischen Lehrgebäude völlig unterbewertet.

– Die Bibel widerspricht radikal der Geisterbeschwörung. Im 5. Buch Mose 18,9–13 heißt es:

»Wenn ihr in das Land kommt, das der Herr, euer Gott, euch geben wird, dann hütet euch, die abscheulichen Bräuche seiner Bewohner zu übernehmen . . . Ihr dürft niemand unter euch dulden, der wahrsagt oder aus Vorzeichen die Zukunft deutet, der zaubert, Geister befragt oder Tote befragt. Wer so etwas tut, ist dem Herrn zuwider . . . Der Herr ist euer Gott; ihm sollt ihr ganz und ungeteilt gehören.«

Das ist eindeutige Botschaft und ein klares Verbot. Es gibt keine neutestamentlichen Hinweise, daß dieses Verbot außer Kraft gesetzt ist.

Auf diesem Hintergrund ist der Protest vieler Christen im In- und Ausland zu verstehen, die den ökumenischen Rat der Kirchen kritisieren, der auf der letzten Vollversammlung in Canberra (Australien) im Jahre 1991 eine koreanische Pastorin und Professorin für Theologie sagen ließ:

»Ich komme aus Korea, dem Land der von Han erfüllten Geister. Han ist Zorn. Han ist Groll. Han ist Bitterkeit. Han ist Kummer. Han bedeutet zerbrochenen Herzens sein und ist rohe Energie für den Befreiungskampf. In meiner Tradition werden Menschen, die Mord oder Ungerechtigkeit zum Opfer gefallen sind, in umherirrende Geister verwandelt, die von Han getriebenen Geister. Sie sind überall und suchen nach einer Gelegenheit, das Unrecht gut zu machen. Darum ist es die Aufgabe der Lebenden, auf die von Han beherrschten Geister zu hören und am Wirken des Geistes zur Wiedergutmachung des Unrechts Teil zu haben. Diese von Han getriebenen Geister sind im Laufe der Geschichte unseres Volkes als Mittler der heiligen Ruach aufgetreten, durch die sie ihr Mitleid und ihre Weisheit für das Leben verkündet hat. Wenn wir das Schreien dieser Geister nicht hören, können wir auch die Stimme der heiligen Ruach nicht vernehmen.«[41]

Die Professorin rief die Geister der Toten an, verlas Namen hingeschiedener Geister; vor allem die Geister der von Herodes ermordeten Kinder, Johanna von Orleans, den Geist Mahatma Gandhis, den Geist Martin Luther Kings und Malcolm X. Zum Schluß rief sie auch den Geist des Befreiers Jesus Christus an, der gefoltert am Kreuz ermordet wurde.

# XXIII. Okkulte Belastung und Befreiung

Der Naturwissenschaftler Prof. Hans Rohrbach, ein Kundiger in Sachen Okkultismus, hat »vier mögliche Quellen« charakterisiert, an denen eine okkulte Belastung erkannt werden kann. Er warnt aber ausdrücklich davor, die Symptome im einzelnen oder gebündelt ohne gründliche Anamnese als okkult abzustempeln.[42]

## 1. Vier Quellen für mögliche okkulte Belastungen

*Quelle Nr. 1*

Die ethisch-religiösen Geheimbünde wie Freimaurerlogen, Logen der Weisheit, geistige Logen, esoterische Zirkel u.a. Sie arbeiten – nach seiner Ansicht – vorwiegend medial und spiritistisch.

*Quelle Nr. 2*

Die atheistischen Weltanschauungen wie Kommunismus, Nationalsozialismus, Marxismus, Maoismus und andere, sowie die damit verbundenen Personenkulte. Sie stellen sich gegen die Anbetung Jesu und des lebendigen Gottes.

*Quelle Nr. 3*

Die *weiße* Magie, auch wenn sie biblische Worte gebraucht und »göttliche« Hilfe verheißt. Hierzu gehören Christliche Wissenschaft, Anthroposophie, Heilungsapostel, Geistheiler, viele Sekten, Jugend- und Einheitsreligionen, meditative Bewegungen asiatischer Prägung, die an Reinkarnation, Selbsterlösungsformen u.a. glauben. Sie rücken Jesus aus dem Zentrum, berufen sich auf andere »Kräfte«.

*Quelle Nr. 4*

Die *schwarze* Magie. Sie nimmt direkt zu Mächten der Finsternis Verbindung auf, vermittelt von dort »Hilfe«. Zu ihren Praktiken gehören Zauberei (6. und 7. Buch Mose), Wahrsagen, Pendeln, Besprechen, Tisch- bzw. Glasrücken, Totenbefragen, Spiritismus, Horoskope, Himmelsbriefe, Amulette, Talismane, Verwünschen, Verfluchen, bestimmte Arten von Rock- und Beat-Musik, schwarze Messen u.a., sowie die Riten des Aberglaubens wie Daumendrücken, Toi-Toi-Toi-Wünschen, Glücks- und Unglückszeichen oder -tage beachten usw.

Weiterhin ist – nach Meinung Rohrbachs – zu bedenken:
- Daß Gefahren lauern, wenn der Mensch okkulte Dinge praktiziert (wie die Geisterbeschwörung). Dabei ist es uninteressant, ob er die Praktiken ernst nimmt oder nicht, ob der Betreffende an die Wirkung glaubt oder sie für Unsinn hält;
- daß okkulte Belastung der Vorfahren dem Teufel ein Anrecht auf die Seelen der Nachkommen geben können;
- daß Hilfen, ob sie mittels »weißer« oder »schwarzer« Magie in Anspruch genommen werden, nicht ohne Folgen für die Psyche des Menschen bleiben können;
- daß okkulte Belastung von Besessenheit unterschieden werden muß;
- daß eine Befreiung nur dadurch erreicht werden kann, daß der Belastete sich vom Teufel und allen dunklen Mächten absagt und sein Leben Jesus völlig ausliefert.

## 2. Fünf Schritte zur Befreiung

Das Neue Testament macht deutlich, daß Jesus seinen Jüngern die Vollmacht gegeben hat, in seinem Namen böse

Geister auszutreiben. »Jesus rief seine zwölf Jünger zu sich und gab ihnen Vollmacht, böse Geister auszutreiben und alle Krankheiten und Leiden zu heilen« (Matth. 10,1).

Diese Vollmacht ist nicht nur auf den engsten Jüngerkreis beschränkt. Im Lukas-Evangelium lesen wir, daß 72 Männer zurückkehrten und begeistert erzählten, daß ihnen sogar die bösen Geister untertan waren. Wir dürfen heute diese Vollmacht Jesu in Anspruch nehmen.

Prof. Beyerhaus nennt fünf Schritte, die diese Befreiung von okkulten Mächten und Kräften beinhaltet.

*1. Schritt:*
Der okkult Belastete muß seine Schuld *er*kennen, bereuen und *be*kennen, was ihn unter den Einfluß dieser Mächte gebracht hat.

*2. Schritt:*
Der okkult Belastete muß sich völlig von dem trennen, was ihn gebunden und belastet hat. Das können Zauberworte, Amulette, das 6. und 7. Buch Mose und bestimmte okkulte Praktiken sein.

*3. Schritt:*
Der okkult Belastete muß sich vom Satan und speziell von bösen Mächten, denen er sich verschrieben hat, lossagen.

*4. Schritt:*
Es geht um die erneute Übergabe an Jesus Christus und die Inanspruchnahme des Sühneopfers am Kreuz.

*5. Schritt:*
Der Seelsorger formuliert das Lossage-Gebet und spricht ihm die Lösung im Namen Jesu und die Vergebung seiner Schuld zu.[43]

# XXIV. Hinweise zum Absage- und Lossprechungs-Gebet

Der Belastete spricht das *Absage-Gebet.*

Ernst Rudin gibt als Herausgeber eines Seelsorgebuches dazu folgende Hinweise:

»Sie (die Absage) richtet sich an Gott und gleichzeitig (als Neben-Zuhörer) an die Dämonen. Der Seelsorger ist Zeuge und Unterstützer. Der Belastete muß die Befreiung selbst wollen und den Vertrag mit dem Satan zerreißen. Der Betroffene nennt in einem Gebet alle ihm bewußt gewordenen Fäden, die ihn mit der finsteren Welt verbinden.«[44]

Der Seelsorger spricht das *Lossprechungs-Gebet.* Er verheißt dem Ratsuchenden die Befreiung von finsteren Mächten, von Gebundenheit, von bewußten und unbewußten Belastungen. Auch Vorhersagen, die von Wahrsagern oder Geistern bei spiritistischen Sitzungen erfolgten, werden mit dem Lossprechungs-Gebet außer Kraft gesetzt. Auch Verfluchungen und Verschreibungen werden damit ungültig.

Wie kann das Absagegebet lauten?

»Herr Jesus Christus, der du für mich gestorben und auferstanden bist, ich sage mich los vom Teufel und allen seinen Helfershelfern. Ich bekenne dir meine Schuld, daß ich gegen dein ausdrückliches Gebot gesündigt und (beispielsweise) an spiritistischen Sitzungen teilgenommen habe.

Ich danke dir, daß du mich erlöst hast, daß du mich reinigst und heiligst. Mit Leib, Seele und Geist übergebe ich dir mein Leben zum Eigentum. Ich vertraue dir, daß damit der böse Feind sein Recht an mir verloren hat. Wehre du allen Anfechtungen und erfülle mich mit deinem Heiligen Geist. Amen.«

## Jesus siegt

Daß Jesus siegt, bleibt ewig ausgemacht;
sein wird die ganze Welt.
Denn alles ist nach seines Todes Nacht
in seine Hand gestellt.
Nachdem am Kreuz er ausgerungen,
hat er zum Thron sich aufgeschwungen.
Ja, Jesus siegt!

Ja, Jesus siegt, sei's, daß die Finsternis
im Trotzen wütend schnaubt;
sei's, daß sie wähnt, mit ihrem gift'gen Biß
hätt' sie ihm viel geraubt.
Die Seinen läßt in Not und Grämen
sich unser Held doch niemals nehmen.
Ja, Jesus siegt!

Ja, Jesus siegt! Wir glauben es gewiß,
und glaubend kämpfen wir.
Wie du uns führst durch alle Finsternis,
wir folgen, Jesus, dir.
Denn alles muß vor dir sich beugen,
bis auch der letzte Feind wird schweigen.
Ja, Jesus siegt!

Johann Christoph Blumhardt (1805–1880)

1 Idea-spektrum 16/1991, S. 16
2 Harald Baer, Okkultisten aller Länder vereinigt euch, in: Jugendschutz Impulse 4/1986
3 Harald Baer, Neue Wege zur Transzendenz, Hoheneck Verlag, Hamm, o.J., S. 50
4 Richard Kriese, Achtung: Sie werden betrogen, Hrsg. Bund Evgl.-Freikirchlicher Gemeinden, Serie 2/5, o.J.
5 Richard Kriese, a.a.O.
6 Aus: Hörzu, 44/1990
7 Annette und Friedrich-Wilhelm Haack, Jugendspiritismus und -Satanismus, Münchener Reihe, Evgl. Presseverband, 1990, S. 14f
8 Herbert Schäfer, Der kriminelle Aberglaube in der Gegenwart, Schriftenmissions-Verlag, Gladbeck/Westfalen 1963, S. 75
9 Kristall: Gibt es ein Leben nach dem Tode (Berichte und Dokumente über Hellsehen, Spiritismus, Okkultismus), von Thomas Haller
10 C. Peter Wagner, Der gesunde Aufbruch, Wolfgang Simson Verlag, Lörrach 1989, S. 171
11 Annette und Friedrich-Wilhelm Haack, a.a.O., S. 39f
12 a.a.O., S. 41
13 a.a.O., S. 29
14 Basler Magazin, 23. 10. 1982, Nr. 42
15 ebd.
16 ebd.
17 ebd.
18 Friso Melzer, Im Schatten des Banyan-Baumes, S. 35ff
19 Aus: Hörzu, 36/1987
20 Hellmuth Hoffmann, Lichtimpulse von »drüben«, in: Esotera 4/1978, 352ff
21 Fritz Pawelzik, Geisterbeschwörung in Afrika, in: Leuchtturm 2/1989, S. 25
22 Dr. Emil Mattiesen, Das persönliche Überleben des Todes, 2. Band
23 Thorwald Detlefsen, Schicksal als Chance, Goldmann Taschenbücher, München, 5. Auflage 1982, S. 203f
24 a.a.O., S. 207
25 a.a.O., S. 235
26 H.C.W. Tenhaeff, Hellsehen und Telepathie, C. Bertelsmann Verlag, Gütersloh, S. 151ff
27 G. Maurice Elliot, Biblische Wunder im Lichte moderner Jenseitsforschung, Hermann Bauer Verlag, Freiburg 1960, S. 129
28 a.a.O., S. 134
29 Benedikt Peters, in: Ethos 5/1991, S. 64
30 Herbert W. Armstrong, Spiritismus – Trug oder Wahrheit, in: Die gute Nachricht

[31] Herbert W. Armstrong, a.a.O.

[32] Peter Andreas, Heilkraft in der Nebelkammer, in: Esotera, 7/1976, S. 588

[33] »Psychologie heute«, 6/1987, S. 44ff

[34] Ulfried Geuter, in: Psychologie heute, 6/1987, S. 51

[35] Kurt E. Koch, Okkultes ABC, Bibel- und Schriftenmission, Aglasterhausen 1984, S. 563ff

[36] T. Pakraduny, Die Welt der geheimen Mächte, Verlag Tiroler Graphik, Innsbruck, o.J., S. 393ff

[37] Ingo Wulfhorst, Der spiritistische Orden, Verlag der Ev.-Lutherischen Mission, Erlangen 1985

[38] Ingo Wulfhorst, a.a.O., S. 34

[39] Shaw Desmond, Was ist Spiritismus, Eduard Kaiser Verlag, Klagenfurt o.J., S. 62f

[40] Kurt E. Hutten, Psi und der christliche Glaube, in: Esotera 12/1975, S. 1089ff

[41] Aus: Dia Krisis, 12. Jahrgang 2/1991, S. 59ff

[42] Hans Rohrbach, Befreiung ist möglich, in: Brennpunkt Seelsorge 4/1987, S. 82f

[43] Informationsrundbrief der Bekenntnisbewegung »Kein anderes Evangelium«, Nr. 70/1978, S. 21

[44] Ernst Rudin (Hrsg.), Arbeitshilfe für Seelsorger, Präsenz Verlag, Gnadenthal 1983, S. 68

Arno Schleyer

## Die Kraft des Vertrauens

Von der Krankheit und Heilung des modernen Menschen

224 Seiten, ABCteam-Paperback, Bestell-Nr. 112 454

Das wir uns – mit den großen Fragen und Nöten, der Krankheit unserer Zeit und unserer Seelen – rückhaltlos dem großen Arzt anvertrauen und uns ihm ganz und gar als Mitarbeiter zur Verfügung stellen, jeder mit der ihm verliehenen Gabe – das ist Thema und Ziel dieses Buches. Alle hier vorgetragenen Gedanken aus Theologie und Psychologie, Medizin, Naturwissenschaft und anderen Bereichen wollen nur Hilfe auf dem Weg zu diesem Ziel sein.

Aus dem Inhalt: Die Krankheit – Untaugliche Selbstheilungsversuche – Der Arzt – Die Heilung – Heilgehilfen – Hilfreiche Bilder und Geschichten – Bedrohtes und bewahrtes Heil.

Fritz Laubach

## Herr, heile mich!

Krankheit und Heilung in biblischer Sicht

96 Seiten, R. Brockhaus Taschenbuch, Bestell-Nr. 220 466

Dr. Fritz Laubach, Vorsitzender des Hauptvorstandes der Deutschen Evangelischen Allianz, ist uns ein hilfreicher biblischer Lehrer. Zugleich ist er ein erfahrener Seelsorger. Das ist auf jeder Seite dieses Buches zu spüren. Darum bin ich ihm dankbar, daß er auf unsere Bitte hin bereit war, seine biblisch-seelsorgerlichen Hilfen zu veröffentlichen. Ich begleite das Erscheinen des Buches mit dem Gebet: »In die Wirrnis dieser Zeit, fahre Strahl der Ewigkeit!« Rolf Scheffbuch, Prälat

Aus dem Inhalt: Die Frage nach der Glaubensheilung – Krankheit und Heilung im Alten und Neuen Testament – Heilung als Zeichen des Messias und Sendung der Jünger sowie in den ersten christlichen Gemeinden – Der Sinn von Krankheit und Leiden – Heilung und Heil des Menschen – Vom Umgang mit der Krankheit – Erfahrungsberichte von Kranken.

R. BROCKHAUS VERLAG WUPPERTAL UND ZÜRICH

Bücher von:
Michiaki und Hildegard Horie

## Umgang mit der Angst

104 Seiten, R. Brockhaus Taschenbuch, Bestell-Nr. 220 388

Kennen Sie dieses Gefühl, das plötzlich da ist und dann immer stärker wird, sich in alle Fasern des Seins hineinzwängt – bis Sie völlig davon beherrscht werden? Dieses beklemmende Gefühl, das Ihren Blick trübt und Sie schließlich nichts anderes mehr denken können: Angst. Sie fühlen sich ausgeliefert, als gäbe es kein Entrinnen. – In meiner Sprechstunde versuchen wir gemeinsam, diesem hinterhältigen Feind auf die Spur zu kommen. Wer von den quälenden Angstsymptomen befreit werden will, muß kämpfen. Dieses Buch soll dabei Hilfestellung bieten.

## Depressionen

Wege aus dem Dunkel

80 Seiten, R. Brockhaus Taschenbuch, Bestell-Nr. 220489

Dieser kurzgefaßte Überblick über die verschiedenen Gesichter der Depression will vorschnellem Urteil und unangebrachter Resignation einen Riegel vorschieben.

## Wenn Vorbilder trügen

Abhängigkeiten als Mitgestalter unseres Lebens

144 Seiten, ABCteam-Paperback, Bestell-Nr. 111 003

Wenn sich ein Kind noch als Erwachsener nicht von den Eltern lösen kann, wenn eine Familie sich um den süchtigen Angehörigen schart und sich von diesem tyrannisieren läßt, wenn die Kinder dieser Familie, geübt als Beschützer, sich wieder mit Süchtigen verbinden – dann ist das Co-Dependenz. Von Generation zu Generation werden Bindungen, Verhaltensweisen, Schutzgebärden eingeübt und weitergegeben, und der einzelne Angehörige weiß nicht zu entkommen. – Dieses erste Buch auf dem deutschen Markt zum Thema Co-Dependenz gibt Hilfen, diesem Gefängnis zu entfliehen und ein Selbstkonzept zu entwickeln, das Selbstverantwortung und Vertrauen zu einer tragfähigen Basis neuer Freiheit werden läßt.

R. BROCKHAUS VERLAG WUPPERTAL UND ZÜRICH